民國歷史與文化研究

十七編

第**6**冊

《青海誌略》校注（外七種）（下）

〔民國〕許崇灝 編纂

鐵金元 校注

花木蘭文化事業有限公司

國家圖書館出版品預行編目資料

《青海誌略》校注（外七種）（下）／鐵金元 校注 -- 初版 --
新北市：花木蘭文化事業有限公司，2023〔民 112〕
目 6+160 面；19×26 公分
（民國歷史與文化研究 十七編；第 6 冊）
ISBN 978-626-344-387-7（精裝）

1.CST：方志 2.CST：研究考訂 3.CST：青海省

628.08   112010407

ISBN-978-626-344-387-7

9 786263 443877

民國歷史與文化研究
十七編 第 六 冊   ISBN：978-626-344-387-7

《青海誌略》校注（外七種）（下）

作　　者　鐵金元（校注）
總 編 輯　杜潔祥
副總編輯　楊嘉樂
編輯主任　許郁翎
編　　輯　張雅淋、潘玟靜　美術編輯　陳逸婷
出　　版　花木蘭文化事業有限公司
發 行 人　高小娟
聯絡地址　235　新北市中和區中安街七二號十三樓
　　　　　電話：02-2923-1455／傳真：02-2923-1452
網　　址　http://www.huamulan.tw 信箱 service@huamulans.com
印　　刷　普羅文化出版廣告事業
初　　版　2023 年 9 月
定　　價　十七編 6 冊（精裝）新台幣 16,000 元

《青海誌略》校注（外七種）（下）

鐵金元 校注

目

次

第七章　青海之宗教及其寺院

第一節　宗教

青海之宗教，以喇嘛教為最盛。其次，則為回教、耶穌教、天主教等。茲分別說明如左：

一、喇嘛教

青海人民篤信之宗教為喇嘛教。分紅教、黃教二種。喇嘛教為佛教之支派，流行於青海、西藏。自元朝八思巴〔註 1〕以後乃成為紅教，以紅衣為標識。後因教規廢弛，信仰漸衰。至明永樂年間，有宗喀巴者，生於西〔一〕寧縣之南川，習經於塔爾寺〔註 2〕，遊學於印度〔註 3〕、西藏，造詣甚深。以紅教與佛教宗旨相去過遠，乃另行創立黃教。對於信條，大加改革，排斥幻術，禁止娶妻，苦行自修，為藏民所信仰，遂新立一宗，服黃衣、黃冠以別於紅教，故名為「黃教」。

〔註 1〕八思巴（1235 年～1280 年）：吐蕃薩斯迦（今西藏自治區薩迦）人。本名羅古洛哲堅贊，「八思巴」（又譯八合思巴、發思巴，意為「聖者」）是尊稱。南宋淳祐四年（1244 年），八思巴到涼州（今武威市）學習漢文化與蒙古文化。大蒙古國蒙哥汗三年（1253 年），忽必烈從其受佛戒。中統元年，世祖即位，尊為國師，即大元帝師，使統天下佛教徒。至元元年，使領總制院事，統轄藏區事務。六年，製成蒙古新字，加號「大寶法王」。十三年還至薩斯迦，為西藏佛教薩迦派第五代師祖。

〔註 2〕此說誤。宗喀巴習經之時，塔爾寺尚未建。其習經處應為今海東市化隆縣之「夏瓊寺」。

〔註 3〕此說誤。考《塔爾寺志略》，宗喀巴遊學於前藏，並未至印度。

黃教始祖宗喀巴像

　　宗喀巴死後，傳其衣缽於四大弟子：一為達賴喇嘛，二為班禪喇嘛，三為哲布尊丹巴呼圖克圖（即達那喇嘛），四為多倫諾爾阿嘉呼圖克圖（即招梗喇嘛）。世世轉生，掌握宗教大權（衣缽傳之生徒，更有轉生喇嘛，稱為「活佛」。活佛死後，由管家喇嘛推算其出生地點及生日，先送馬匹、銀兩，通知新佛之父母；然後卜定吉日，以大宗金銀禮物為活佛贖身；然後陳同樣碗、箸、鞍、轡於其前，令擇先世佛所曾用過之物；中者眾始信，而後由教經喇嘛授以經文）。自是而後，黃教勢力遂遍及西藏及青海、蒙古，漸以宗教權利而兼握政治權力。迄於今日，政教不分。故社會上只有宗教寺院之崇宏壯麗，而無其他之建設。喇嘛、活佛養尊處優，不事生產；人民困苦顛連而不自覺。

九世班禪像

美國合眾社、倫敦泰晤士報記者哈里森・福爾曼 1936 年攝

乎民僧侶之篤信者，咸壞青海。或自塔爾寺至前後藏，或自西藏至塔爾寺不辭萬里一步一叩首，叩至佛前，名為「叩長頭」。叩頭之式，為先舉兩手，後著於地，身亦隨之平伏，更以兩手向兩傍畫一圓。及至佛前，捧哈達禮物，仰首求活佛摩其頂，以為無上光榮。

蒙、番人民家有三子，必度一僧或二僧。凡喜婚、喪葬，皆請喇嘛誦經祝福。每一月必請喇嘛唸《平安經》〔註4〕。富者以施僧修寺為積德，死後以財產二分之一布施於寺院。故青海全境，凡有人煙之地，寺院梵宇林立，且財富聚於寺院（詳情見第二節）。

二、回教

回教，亦名天方教。為穆罕默德所創立。自唐代即盛行於陝西、甘肅、新疆一帶。在昔甘肅之回教徒，以導河、西寧為最多。自西寧劃歸青海後，回教在青海亦為主要之宗教。其教徒多散居於西寧各縣，人數約計十餘萬人。其教專祀穆罕默德，聖誕、聖忌皆祭之。

紀年十有二月，不置閏。《天方典禮》〔註5〕云；「天方以日行一周天，計三百六十五日四分晝夜之一為一歲；以月行十二月，計三百六十五日三分晝夜

〔註4〕《平安經》：又稱《平安咒》，即藏傳佛教《蓮師除障文》。
〔註5〕《天方典禮》：中國伊斯蘭教教義著作。亦名《天方典禮擇要解》。民國時，中國一些伊斯蘭學校曾作為選讀教材，並廣泛流傳。

之一為一年。歲以步天時，年以紀人事。凡屬典禮皆以十二月一周計之。每十二月中齋戒一月。一日五次禮拜。七日一小會，謂之『住瑪兒』。齋事畢後大會，約七十日又大會。會之日，無貧賤、富貴、老幼，皆澡身盛服入寺，聽誦讚頌，各施錢於寺，謂之『費的爾』。譯言布施也。寺中誦讀者曰『掌教』，司事者曰『社長』，教授經典者曰『阿渾』，號召大眾者曰『滿爾金』，誦經者曰『海提卜』。」

其教極重愛群合眾。有不能自謀生活者，相與助資財、謀生聚；遇餬口遠人，資而遣之；死亡未有不收埋者；食肉禁犬豕，戒酒煙，殺牲必延阿渾誦經。不信堪輿、巫覡〔註6〕，不拜木偶。污濁之水不以沐浴。解疑伸屈，捧經決之。凡營造遷徙，以禮拜四日為佳，三日為凶。惟因一般教徒知識淺薄，只知有教，不知有經，往往不守教規。甚至藉宗教之團結，尋釁覓仇，嗜殺好鬥。歷次漢回仇殺之慘劇，要皆由於教義之不能普及，有以致之。

青海回教促進會之成立已十餘年，一切改進不遺餘力，將來漢、回與各族感情，日益融洽，青海前途可抱樂觀矣。

回教寺中阿訇開講《可蘭經》

三、耶穌教

耶穌教之傳入甘肅、青海一帶，蓋始於前清光緒四年。其時有敦巴、格達二牧師至蘭州，遂定皋蘭、寧夏、西寧三處為佈道區。設西寧教堂，司勸教於青海。該教陽借傳教之名，陰行侵略之實。傳教士至青海區域內調查、測繪、攝影，並於西寧各縣及青海各地遍設福音堂，將其《新舊約全書》譯成蒙、藏、

〔註6〕覡：音 xí，男巫。

回文字四處散佈。且於西寧、湟源各地福音堂內，附設蒙番招待所及醫院、學校，藉以籠絡蒙番王公、千百戶及人民。以福因為工具，以利誘為手段，鈐束〔註7〕其頭目，其野心已可概見。

故其勢力蔓延甚廣，各民族中頗多信仰者。亟宜設法揭穿其內幕，俾大家曉諭，毋再沉溺。其根本辦法，仍須由普及國民教育入手。

四、天主教

青海各縣天主教徒甚多。其神父包攬訴訟，偏袒教民，教民又借神父之勢力，以欺侮鄉民，甚至干涉地方行政。年來地方主政者已洞悉其奸，禁止神父干涉案件、教徒借教欺民，以阻遏其勢力之蔓延。聞近來已稍殺〔註8〕矣。

天主教堂

【校勘】

〔一〕新版、舊版印本原作「四寧」。「四」，「西」之訛。抄本不誤，據抄本改。

第二節　寺院

青海各地，寺院林立。蒙、番等族，依所居山水，別其名號，各尊一人為酋，稱為「洪布」，且多為世襲。大者曰「昂鎖」，或稱「浪借」，合若干族戴一「招提」（漢語曰寺），以司兵刑、錢穀。寺有「呼圖克圖」（漢語曰「活佛」），執行政務。其貴賤強弱，視所統轄番族之多寡而差。位不世襲，謂為活佛轉世。冠以舊名，歷世不改。轉世之佛，多出於昂鎖及其財力之家，其中不無情弊。

〔註7〕鈐束：管束、約束。
〔註8〕稍殺：漸衰。

　　寺院中常貸金番民，經營商業，倍重其息。而番民每歲所獲，又以二分之一獻於活佛，受戴哈達，歸誇儕輩。於是群相仿傚，獻送金銀財務於活佛，惟恐不收，以致青海蒙、番等族人民不憚千里跋涉，遠來貢獻。故有人謂塔爾、隆務二寺之富藏，可擬金穴，有由然也。番俗喜為喇嘛，民十而僧五。問其部落，則數寺以對；詢其戶口，則數僧以對。因之寺院遍設於青海各地，建築雄偉，規模宏大，畫棟雕樑，布置華麗，儼如無冠帝王之宮殿。其巨大之經堂，有能容納五千人以上者。其佛殿尤為崇宏壯麗，供奉種種佛像，雕刻塑工之精絕，金銀、珠寶之珍貴，以及壁飾、布置之整齊，頗饒美術思想。其寺院外之大浮屠，巍然峙於山水叢林之間，金光寶頂，玉砌縈澤。置身其間，吟誦經懺，參研內典，令人心曠神怡，樂而忘返。

　　茲將青海較著之寺院，舉要述之如次：

一、塔爾寺

　　塔爾寺（一稱金瓦寺）〔一〕，在西寧縣西南五十里塔山〔註9〕中，為黃教始祖宗喀巴降生之地。據云：宗喀巴之胞衣〔註10〕即埋於此，上生菩提樹一株，樹葉上隱現佛像。

　　寺院之大及富，甲於青海。其僧徒多來自西藏及各處。寺內有活佛十餘人，喇嘛定額為三千六百名，而食指〔註11〕常逾萬人。附寺而居之熟番依之生活者，又有數千戶。

　　梵宇僧舍，依山勢高下疊［甃］〔二〕而成。寺有大金瓦殿、小金瓦殿各一，屋頂蓋瓦全係鍍金，形式甚為美麗，與東方時之宮殿無異。寺內金、玉、寶石造成之佛像，其數不可勝計。金佛皆鑲嵌珠粒，大者如豆；銀佛則積疊盈龕。有迎自西藏，有頒自清廷，更有富室大賈因祈福消災鑄造送之於寺者。歷代珍品寶器充牣〔註12〕眩目。大金瓦殿供宗喀巴神座，為一玲瓏之寶塔，高達丈餘，乃純金鑄成。蒙古、西藏各地人民多來塔前叩首，無間寒暑，終日不絕。殿前之木板每被此輩磨穿，須隨時更換，可見其叩拜之眾。寺院外築有佛寓，為各地活佛住此之行轅。因皈依佛法來此學經者頗不乏人，即西藏之達賴與班

〔註9〕塔山：因塔爾寺先有塔故名「塔山」。今作蓮花山。今青海省西寧市湟中縣魯沙爾鎮境內。

〔註10〕胞衣：指胎盤，包於胎兒體表的一層膜。也叫「衣胞」或「胎衣」。

〔註11〕食指：家族人口。

〔註12〕充牣：又作「充仞」。豐足。

禪、蒙古之哲布尊丹巴、阿嘉呼圖克圖等皆有寓所在此。其大經堂可容納五千人以上，席地而坐。達賴、班禪常設崇高之寶座，其受人頂禮若此。

大經堂及大金瓦殿

前清康熙時，青海、西藏爭立達賴喇嘛。清廷恐其構釁，詔將青海所立達賴喇嘛居於塔爾寺。雍正時蘿蔔藏丹津之亂，該寺大喇嘛被其誘惑，從之以叛。年羹堯平定青海，殺其喇嘛八人，現置八塔於寺前。番人對年氏既畏且恨，迄今路經八塔，猶有頂禮諷經，欷歔太息者。

塔爾寺前之八塔

每歲陰曆正月、六月，為全盛瞻禮之期，遠道相率而來者多至數萬人。每年正月十五日夜，陳設酥油花燈，任人觀覽。大者凡二，中塑釋迦侔尼或宗喀巴之像，在旁扶持者有數人。全體塑像以酥油為之，層間迭出，上下各異。小者數十架，或塑列國人士及三國將相。每塑一物，無不逼肖，誠為西北之絕技。

精巧的酥油燈

　　寺之周圍二百餘里，皆其財產。青海之精華萃於僧寺，而塔爾寺為其中之最偉大、最繁富者也。

二、佑寧寺

　　佑寧寺，在西寧縣東北一百二十里，原名郭隆寺。清雍正元年，因隨蘿蔔藏丹津叛亂，被兵焚毀。十年重修，賜名「佑寧寺」。共有喇嘛數百人。

三、海藏寺

　　海藏寺，在西寧縣北七十里元朔山。每年六月六日，西寧民眾傾城往遊。俗謂之「北武當」。

元朔山上之海藏寺

四、扎藏寺

　　扎藏寺，在湟源縣西三十里，為青海蒙古右翼各旗所建。有右翼盟長公署

及右翼王公、貝勒等辦事處。主持係蒙古喇嘛，有喇嘛數百人。繞寺而居者皆為蒙古人民，約有數百戶。

五、福海寺

福海寺，一名新寺。距湟源縣四十里，為察罕諾門汗所建。喇嘛約百餘人，無定額。不給衣單口糧。繞寺而居者皆番民，約三百餘戶。

六、東科寺

東科寺，在湟源縣西南約五十里，當日月山中途。寺土之廣，田租之多，佃戶之眾，為青海蒙旗各寺院所不及。因其勢力甚大，每年收入極豐。環寺肥沃之地，均為其購買，約計一萬三千餘頃。

東科寺全景

東科寺保留下來的舊僧舍

丫丫 2021 年拍攝

七、廣惠寺

廣惠寺，一名郭莽寺。清雍正元年焚毀。十年重建，賜名「廣惠寺」。在大通縣之第三區。西南距大通縣城四十里，北距互助縣四十里，東南距西寧一百一十里。附近有數十莊堡，居民有數千戶。

寺內有活佛十二人，最大之活佛為二十三世敏珠佛。有喇嘛數百人。經營七座，建築宏大，內供佛像。小院四十餘所，分別〔有〕〔三〕大小管家管理全寺財產收入，分配全寺喇嘛食糧。每月初一、十五，寺僧統入經堂念經。每年正月六日舉行觀經曬佛大會。每年春秋兩季，由大管家令各喇嘛分赴蒙古、青海各地募化。化得之牛、羊、馬匹、銀錢，回寺一律交大管家收藏。

該寺對面一帶，山嶺森林約有數十百里。盡係松柏，大者可數抱，均為寺產。其已墾熟之田約有四萬餘畝，其未墾之荒地與山地為數甚多。田地統租於土、漢人民耕種，納租五成於寺。該處蒙、番人民仍逐水草而居，以畜牧為生活。設有不幸，人口疾病或牛羊牲畜有死傷情事發生時，多許願於寺，以為祈禳。

廣惠寺

寺中觀經、曬佛之日，均不避遠道之跋涉，相率來寺。在各經堂輪流叩頭，並以銀錢、布匹、茶葉、哈達等物呈現於活佛。若得活佛收其獻物，手摩其頂或賜以哈達，則視為無上之榮耀，以為可以免除一切災禍而得永久之幸福。其人民信仰活佛之深，可以想見。

前清雍正元年，該寺喇嘛隨蘿蔔藏丹津叛變。年羹堯率軍進討，殺其活佛，焚其寺院，以故活佛、喇嘛等恨年氏入骨，沒世不忘。每於觀經曬佛之日，舉行跳神之劇。用麵捏成一人，放置院中，另裝護法佛十二人，均為牛頭馬面，青臉獠牙，手執寶劍、繩索等物，團團圍定，誦經跳舞，即將麵人斫成八塊，分拋四處。其義蓋在咒年氏永不超生。

至其用酥油捏燈之意，聞因黃教師祖宗喀巴生時，夜夢見如燈之式樣記載佛經。故每年照樣製成，重燃一次，夜半即行撤去。其義蓋宗喀巴作夢，至半夜時已醒故也。又有一說，謂佛法以世間之萬事萬物無所謂真假，富貴安樂均為幻想。製燈乃在指示凡事皆為曇花一現，意在超脫眾生也。

八、瞿曇寺

瞿曇寺，在樂都縣南四十里。明永樂初所敕建。授國師二，禪師三，賜地甚廣。

該寺現有三院。前院有石碑四：其二為永樂御製碑文，其二為宣德御賜碑文。面為漢文，背為藏文。保護今尚周至。中院為寶光殿。後院為隆國殿。均極壯麗。該寺所陳古物甚多。計有石蓮臺二座，珍珠樹一株。樹之四周裹以綾綢、繡包、絲線等物。土人婦女每於燒香畢，即以袖頭磨之。若絲線有黏衣者，謂為佛喜賜以小孩之預兆。至於縷條、繡包之物，乃係得子者所報酬之物。又泥金佛一尊。寶光殿內供有一佛。據僧人云：為其活佛死後，塗之以泥紙，貼之以熟金，享受香煙已有年矣。寶光、隆國二殿陳有銅香爐二頂、銅安燈二座、銅花瓶二對、銅盆二隻，均附石座，光明四射，全室為之輝煌，俱為明宣德年間御賜之物，甚足寶貴。又有清嘉慶十年銅磬一對、皮鼓一隻，其石座雕刻之精細，尤為罕見。

樂都瞿曇寺

寺有喇嘛二百餘人。

每年正月、六月〔四〕舉行觀經曬〔五〕佛之會，近村居民前往燒香、祈禱者踵趾相接。為樂都最大之集會。

九、沙沖寺

沙沖寺，在貴德縣之北。依拉脊山而建，前臨黃河，在十族昂鎖所轄地方。相傳為宗喀巴削髮修行之所。規模宏大，僧眾有千餘戶。為漢、番互市之要地，佛教聚集之中心。其地崇山峻嶺，林木森密，來遊覽者頗多。

其他以工巴寺最著，白佛、國巴、思德、六恩、古魯等等，共有二十餘所。

十、鐵瓦寺

鐵瓦寺，在貴德縣之東南，為大喇嘛察汗諾門罕所居之寺。與西寧之金瓦寺南北對峙，互有輝映。

十一、拉加寺

拉加寺，在貴德縣之西南，為河南蒙古四旗貿易之中心。地當果洛克等五族運量之孔道，形勢扼要。已墾與未墾之地均廣。二十四年，改為同德縣治。

拉加寺香薩活佛

十二、隆務寺

　　隆務寺，現為同仁縣治。寺濱隆務河東岸。有喇嘛僧二千餘人。寺產極富，為西番最大之寺及各族互市之所。

同仁隆務寺

　　其他有尕楞、邊堵等寺。其僧眾有　百至四五白不等。

十三、都蘭寺

　　都蘭寺，在和碩特西前旗界內。值青海之正西，東負日爾齊老山，南臨察汗泊，為柴達木最大之寺。

　　左翼王公、臺吉皆於此設有行署。有居民一千六百餘戶。漢、番約有五百餘戶，皆入蒙籍。以牧獵、撈鹽為業。現設都蘭縣治，並置防軍於此。為左翼蒙各旗互市之所，商務甚盛。柴達木境內共有喇嘛寺三十餘處，以都蘭寺為最著。

　　有喇嘛一千餘名。其佛法及經典，較之東部各寺為高深，故常有異僧出現。並有在家潛修佛法者，土人稱之為「熱宗巴」。及其道行高深，為人民所信仰，則不藉賜〔六〕名與封號，亦可成為「活佛」。

十四、結古寺

　　結古寺，在青海南境扎武族地，位於結古南、北山麓。寺喇嘛由扎武百戶兼之，有喇嘛僧四百餘名。附近居民有五百餘戶。距西寧二十一站，計一千四百餘里。地當固察、安沖、迭達、竹節各族之中，故為玉樹二十五族貿易之中心。形勢極為扼要，且交通四達。東行渡雅礱江可至西康之石渠，東南行渡金沙江可至西康之鄧柯，西南行可至西康之昌都，為青海與西康、西藏交通之咽

喉。商賈雲集，貿易頗盛。其地耕、牧相雜，物產豐富。商業以茶葉為大宗。氣候在陰曆六月時，溫度均勻，早五十五度〔註13〕，午七十五度，晚六十度。

　　現設玉樹縣治於此。其南有忠武橋為西寧通拉薩之要道。橋跨結古水上，甚為著名。玉樹二十五族土司會盟儀式，每於此橋行之。

十五、拉布寺

　　拉布寺，在通天河東拉布曲水之濱。西附絕巇〔註14〕，南帶小溪，為玉樹各族最大之寺。

　　建築華麗。有千佛閣，供有大、小佛像三千尊，皆以銅鑄成，外鍍黃金。有護法殿，供韋陀銅像，高三丈餘。

　　有喇嘛僧四百餘人。

【校勘】

〔一〕原作者注在「塔山中」後，現移於前「塔爾寺」後。

〔二〕甃：新版、舊版原書印刷均漫漶不清，抄本作「梵」，誤。蒙詹建林兄賜教，據《清稗類鈔》「塔爾寺」條下「悉因山勢高下疊甃而成」句補。

〔三〕據黎小蘇《青海喇嘛教寺院》（新亞細亞 1933 年 5 卷 4 期）補。

〔四〕新版、舊版印本及抄本俱作「六日」，誤。今據黎小蘇《青海喇嘛教寺院》（新亞細亞 1933 年 5 卷 4 期）改。

〔五〕曬：新版、舊版印本及抄本俱作「賽」，誤。今據黎小蘇《青海喇嘛教寺院》（新亞細亞 1933 年 5 卷 4 期）改。

〔六〕新版、舊版印本及抄本俱作「錫」，今據黎小蘇《青海喇嘛教寺院》（新亞細亞 1933 年 5 卷 4 期）改。

〔註13〕五十五度：此處及下文「七十五度」、「六十度」，均指華氏度。

〔註14〕巇：險惡；險峻。

第八章　青海人民之生活習尚

　　青海因各族進化之先後不同，故其生活方式亦因種族而互異。漢、回生活與內地大同小異，故不贅述。惟蒙、藏二族生活方法，因其經濟程度之關係，完全異於〔於〕〔一〕漢人；而此二族亦多有因地、因旗族而不同者。茲就其生活習尚之一般情形，分節略述如次：

第一節　衣服

　　青海除少數地方外，大都氣候寒冷，故衣服以皮毛為主。即普通人冬夏均著皮衣、毛衣，一般人用老羊皮，較富者用薄毛或洋布，豪貴及有勢力者則著綢緞。顏色喜用紅、黃、紫三色，亦有用藍色、黑色者，灰、白二色幾認為禁色。衣服之製法，男女不相同。

果洛族男子之裝飾

　　男衣，圓領長袍，袖及膝，身長及地，異常寬大，一經伸長，廣如床被，衣無紐扣，僅將前後裾提至膝蓋，用大帶緊緊束腰，所有雜物均放懷中，前後

俱有口袋之作用。足部穿長統皮靴，單褲冬夏不換，夏來赤足。帽子高圓尖頂，氈其內而布緣其外，羊毛、狐皮不等，亦有用獺皮者。入夜，衣服兼作被褥，衣外裹以老羊皮。

藏民婦女之裝飾

　　女衣，大致與男子相同，惟袖短僅及腕下，更下則略窄，褲下裹。頭上髮結百辮，常一兩月梳頭一次，每次費時日餘。再，此等女子終年不肯洗澡，洗面僅用茶杯盛水，蘸水略擦而已。彼等最喜佩戴首飾，從髮際綴一布片，寬五寸，垂至足跟或胸前，其上掛以銀鋺〔註1〕、瑪瑙石之類。貧窮則有帶銅、石者，重可數斤，耳墜大如漢人之鐲，更有加以兩串珊瑚，懸及肩上者。又喜袒右臂，此在男子亦然。夏日大熱，則自臍以上完全裸體。

　　惟蒙古族多愛布衣，喜漢裝。王公富戶等多著長袍馬褂，甚屬斯文。冬季多戴北京氈帽，金邊紅纓以為美觀。婦女面上亦有施脂粉者。此蒙、番衣飾上之分別也。

【校勘】

〔一〕於：衍。抄本不衍，但後闕一「漢」字。

第二節　飲食

　　青海人食物之大宗為牛羊肉（食豬肉者很少），有完全吃生肉之部落。其次為炒麵、牛奶、酥油等物。食物方法非常簡單，非生食即僅烹〔註2〕燒，絕不至

〔註 1〕銀鋺：鋺，同「碗」。銀盾。
〔註 2〕烹：同「煮烹」。

大熟，有時煮過者，仍鮮血淋漓。炒麵為青稞和牛肉而成之麵粉。彼等尚可將牛奶製成各食物，如酥油、酸乳、膠乳、乳渣、乳餅、乳飯，均為稀罕之物。

　　會食時，男子就灶頭團坐，主婦於每人碗中盛酥油一片、炒麵一撮，再盛以茶（茶為內地運去之磚茶或松潘茶），於是大眾且食且談。一兩小時之久，各人茶已喝足，斯時因酥油浮於水面，早已飲去，炒麵則仍在碗底。各人將碗交於主婦，再取酥油一大片、炒麵一大撮，放於碗內，各人即用手就碗中和拌，將油麵攪成粉團，復用手捏成橛形食之。會食次數至為頻繁，一日當中每三小時必食一次。客來則同樣待遇，如貴客光降，則給食麵一塊（係由內地帶去，以天冷故，經久不腐）。彼等會食，渴則飲肉湯。晚間男子多坐於灶旁燒火，說閒話；婦女則在賬外做事。主婦將肉置於衣襟之上，割為小塊，約可半升，即起衣襟倒向鍋內；夜十時將青稞麵粉拌少許，於是人各取食，腹飽乃就寢。

　　此外，則以煙酒為不可少之日需品。煙分旱煙、鼻煙二種。煙袋、煙盒，人人皆備。酒為酬酢所不可少之物。飲甚豪，每飲輒醉，酒酣耳熱，且歌且舞。曠野之樂，非內地人士所可夢想也。

第三節　居住

　　游牧民族，逐水草而居，遷移無定。為搬運之便利，天幕遂為青海蒙、藏二族之住室矣。帳篷以牛毛氈為之。藏族之帳，其造法為架一樑於二柱以為脊，張幕其上，沿邊以鐵橛釘地，與內地行軍帳相似；雨水不滲，風雪不侵，冬暖夏涼，誠旅行之良室。

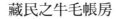

藏民之牛毛帳房

蒙古族所住者，名「蒙古包」。形圓尖，有天窗，有門，有煙囪〔一〕，房屋圍以儲滿羊糞或青稞之皮袋。朝門供佛閣，地鋪牛羊氈及獸皮，中放平桌，人席地圍坐。晚寢於帳外露天，以其合於衛生，且可防禦盜賊也。牛羊牲畜，皆以繩分別圈繫於外，畜大犬若干隻以守之。狗之大者如犢，凶者可獨殺一狼，且能殺人，為野外守禦之要物，游牧者視若堡壘。人寢時裏衣卷伏不稍動，雖遇雨水，亦不易及身底；冬季大雪覆其上，毫無裂痕，只頭部有一小孔出氣耳。此種居室，一架帳房即為一家；每一小部落亦不過十餘帳房。同部落之人，俱甚親密，暇時聚集一處，高談闊論，交換意見，可謂守望相助，疾病相扶持。

如牛羊在一定地帶將草食盡，則遷徙他處。三日以前共議啟程日期及欲赴之目的地與路線。全部人畜分為三隊：第一婦女，騎馬持槍，穿著美麗之服飾；第二用品、家具；第三牛羊。婦女先行，達目的地即預備後隊糧秣。有時，婦女竟早到三四日。

【校勘】

〔一〕新版、舊版印本及抄本俱作「煙匃」。「匃」，「囪」之訛。應為「煙囪」，今改之。

第四節　行旅

青海人民行必乘馬，故幼即習騎。六歲即能不備鞍轡、躍乘挽鬃而馳驅，不能者家人引以為恥，故乘馬遂成青人之慣技。馬多雄健高大，性烈氣暴，不善調馬者不能近，苟被馬踢傷或跌壞而不敢復乘者，必遺笑全村，目為懦夫。馬之良者每小時可行三十里，若依奔馳之速度計之，日行千里之譽，亦非過矣。

至於運輸，蒙族則全恃駱駝，性馴順，能負重致遠。千斤之擔，苟能負之立起，則雖數千百里，亦可從容而達。以細毛繩穿鼻，繫之於鞍架或尾上，相率數十，只須一人在前牽引，則毫不紊亂。猶宜於旅行沙漠及乏水之地。

藏族則多用犛牛、犏牛。犛牛毛長及地，身小角大，性蠻劣，可負二百斤，日行五六十里；犏牛身高力大，毛短角銳，性較馴，可負三百斤，日行七八十里，尤善登山，且能禦狼，然生殖不蕃，數目甚少。行時載用具、食物於駱駝或羊，引犬揚鞭，日出而行，日入而息。因生活方法之簡單，故行旅亦甚輕便也。

外省人士至青海旅行者，以陰曆七、八、九月最為相宜。諺語有云：「正二三，雪封山；四五六，泥沒足；七八九，正好走；十冬臘，皮開拆。」大凡

冬、春二季，水凍草枯，馬料缺乏；入夏雖有青草，而小泊極多，沮洳〔註3〕難行；秋季氣候涼爽，便於旅行。

第五節　婚姻

　　青年男女於牧羊之時，多相遇於山野。及互生愛慕，雙方同意後，互告於父母。男家請媒妁以哈達向女家請婚，並請喇嘛按相合婚，卜定結婚日期。至期，由新郎至女家親迎新婦，新婦與新郎並轡返家，親友輩爭以牛奶、糌粑、清水等灑於新郎新娘之身，飲酒歌舞（青海女子在出嫁前多專學唱歌），樂極一時。三日後，女返娘家。經月，復由新郎迎歸。男家須送聘禮於母家，稱為「奶乳錢」，以謝母家。然母家必加倍送回，以作賀禮。惟蒙古族之賀禮，不及藏族之豐，而玉樹等處藏族，因懼禮節之繁、耗費之鉅，多不舉行儀式而自由結婚。

　　青海民間之贅婚及重男輕女：青民性情強悍，習飲酒，好殺人。因是傾家蕩產者，不計其數。又，男子多游于好閒，不事生產，而以生產事業為女子之天職。故所生女子，往往不肯讓其出門。青海盛行贅婚，即此原因。如此則婿無處分財產之權，便不輕易生事。至結婚儀式，與一般嫁娶婚同，惟不送聘禮。

玉樹新婚夫婦

〔註3〕沮洳：音 jù rù。低濕。

又，青海有所謂「任意婚」者。女子長至十五六歲時，即將幼女辮髮改作婦人辮髮，認為業已成婚。由是生男育女，一如平常婦女，亦不問其所由來。所生子女不知誰為父親，即其母亦不一定明瞭。是為「任意婚」，蓋妨男子破壞其家產也。青海婦女將男女社交視為尋常，故男女間之戀愛毫無忌憚，是種風俗似宜提倡改革也。

第六節　生育

青海游牧人民，視懷孕為普通不足介意之事。懷孕期間，操作一如平時。因其體質壯健，故生產至為容易。往往於山野牧牛、羊之際，即產嬰兒，懷抱之。其時，若母羊生羊羔，亦取而納諸懷，相擠相撞，帶回帳房，狀極自如。僅為嬰兒覓取羊皮兩張，鋪覆各一。啼哭由他啼哭，母親仍照〔舊〕料理家事。惟日間喂乳兩三次，並無其他麻煩。稍長，只留一羊羔與之玩耍。五歲，則教之乘馬牧羊。十餘歲，則教之放槍射擊，習禦敵人。若有力善搏者，全村嘉譽，人爭妻之。老則以為無用，除拾糞、燒火而外，別無他事。重少輕老之風，在藏族尤為顯著。

藏民婦女之育兒情形

美國《生活》雜誌記者於 1947 年拍攝

女子幼時，即習製酪、取牛奶、牧羊等事；至夫家或贅婿後，漸問家事；母老，乃總理家政。凡出納應酬及在家貿易等事，莫不取決於婦人；男子則僅出外買賣或牧羊、放牛而已。惟蒙古族女權，不及藏族之發達。

第七節　喪葬

青海蒙、番人民有病，由喇嘛唸經禳之，或卜藥醫之；苟無效而卜其必死，則以皮繩繫於頸、腿，緊之，使膝及於嘴而死。死後，由喇嘛卜其葬法而葬之。其葬法有三：

一曰「天葬」。置死屍於山頭或樹梢，任犬狼鷹鵰殘食。隔宿而盡，家人大悅；不然則不快，以為死者生前作惡之所致。乃更取殘骨，裹以糌粑，誘鷹犬來食，待盡而後止。此種葬法蒙古人行之者較多。

玉樹天葬

1937 年莊學本攝

二名「火葬」。置屍乾柴上，煨以柏香（即松柏葉之乾者）及糌粑而焚之。藏族人行此法者較多。

　　三曰「水葬」。拋屍於河，任魚蝦食之，為蒙、藏二族所最忌之葬法也。

　　死者若為家主，則以遺產二分之一布施於寺；更將死者生前所用之馬匹、衣物，送於唸經超度死者之喇嘛，以酬之；其餘財產之承襲，不重血統，子女與贅婿、私生子、外甥等，均無不可。

第八節　職業

　　青海人民，女子之職業為牧畜。晨起炊早茶，備一塊炒麵，裝身旁衣中，即趕牲畜入山吃草。七八齡之女孩，亦隨之前往。彼等遊息〔註4〕山野，唱歌跳舞，直至日暮始歸。至夜又擠牛奶，管理犢羔等事，其留家婦女則擔任曬糞、背水、撚毛線、掘長壽果（又名蕨麻，味甘，形似小紅荳）等事。

青海婦女背水之情形

　　男子在十五歲以內、六十歲以外，不負任何責任。至壯年男子，對內則參與部落集會，交換應用物品或至內地通商，交換煙酒、布疋掛麵等物。對外則係交戰及辦理一切交涉，放槍、捕盜等事。留家之男子，則擔任縫紉。婦女之衣服，亦歸男子製作，其縫紉時指端所戴之頂針，亦係牛皮所製。

　　藏族重女輕男，女權高於一切。婦與他人私通，男子不得過問。至兄弟數人合娶一婦者，室家雍睦〔註5〕如也。

　　番地搶案多而盜案少。其行搶多係曠野游牧之人，所搶掠者多係牲畜。盜夥多數十人，掠劫去後，若遇多人來追則拔帳遠去。以娘錯、玉樹、格吉、扎武、咱曲一帶強盜為最多。

〔註4〕遊息：遊玩與休憩。
〔註5〕雍睦：猶和睦。

第九節　爭訟與復仇

一、爭訟〔註6〕

藏族每聚居數十家為一「德哇」（即村莊之意）。共舉一多財善理事者為首領，舉凡爭訟、行政之事，皆聽其處理。苟有殺一外族人，或劫得他人財畜者，全「德哇」皆秘之。事泄，初則不認，繼乃雙方議定一地，各賭牛、羊若干，煎沸油一鍋，置斧其中，使嫌疑者赤手撈出。手不傷則冤，原告以牛、羊償之；手傷則實，被告倍牛、羊償之。然後，另議償命或還贓之辦法。惟此項損失，必由全「德哇」分擔之，不由犯者自負。全「德哇」雖累貧，然亦不怨此人。蓋以其為人勇敢，而全「德哇」均蒙其榮也。

二、復仇

又，番人最重複仇。命案雖經罰服，而子孫報復相尋，數世不休。苟得于刃仇人，雖焚身碎骨亦所甘願。否則，為鄰里所不齒。其重視家族關係，有如此者。惟兩怨之家，因朝藏拜佛而相遇於拉薩，行握手禮，則仇隙泯，詐虞兩忘。因朝藏相遇，乃不世之緣，足徵其信仰宗教之深，亦可謂為美德之一。推之，甲村殺乙村〔一〕之人，乙村之人皆有復仇之義務焉。

三、逃降

又，番族甲族人因犯殺人等案件，逃降於乙族時，甲族人不得詰問。否則，乙族人全體抵抗，以為侮辱己族。故番人中往往有因殺人而攜家逃降他族者，其本族之人亦無可如何也。

【校勘】

〔一〕新版、舊版印本及抄本俱作「乙材」。「材」，「村」之訛。據上下文，應為「乙村」，今改。

〔註6〕本節此處標題為注者所加。下同。

第九章 青海之交通路線

一、由西寧至柴達木及新疆

此路有二：走海北者，自西寧西北行，經大通縣沿海岸西行，南轉渡布喀河；走海南者，經湟源縣出日月山，至察罕城，西折經喀爾喀右翼旗，與北路會合。西行渡布隆吉河，由額勒蘇池〔註1〕之東南，而西行又渡柴達木河，至南岸，有地名肫〔註2〕者，即至柴達木之境。由肫南出那木川口，過星宿海，則至玉樹土司境；由肫西北行，經柴達木平原經行多蘇池、科爾〔魯〕〔一〕池之西，至華都塔拉〔註3〕。西行至松如，北走逾祁連山，通玉門；南走至那瑪葛（在沙中之拉薩河邊），轉西行經卓卡〔註4〕及托羅伊〔註5〕，出青海境，入新疆可通和闐。

二、由西寧至玉樹及至西康、康定

由西寧出發向西南行，逾日月山，過鄂陵、扎陵兩湖之間而達玉樹之結古。再由結古南行經嬋姑溝，至扎武三族之斑群寺。過鄧柯縣屬之喀薩，過通天河沿，經德化縣屬之卓勤寺，再數站至甘孜縣屬之〔卓同，四站至爐賀縣屬之〕〔二〕豬窩，三站至夏拉同，兩站至卓匯（涯）〔三〕。又經松林口、長霸川，過遮都大山至康定縣（西康省治）。以上里數不詳，計二十七馬站。

〔註1〕即上文之「額勒池」。
〔註2〕肫：音 zhūn。今位於青海省海西蒙古族藏族自治州都蘭縣宗加鎮。
〔註3〕華都塔拉：今作懷頭他拉。位於今青海省海西蒙古族藏族自治州德令哈市懷頭他拉鎮。
〔註4〕卓卡：即今青海省海西蒙古族藏族自治州格爾木市大灶火。
〔註5〕托羅伊：即今青海省海西蒙古族藏族自治州格爾木市烏圖美仁。

西寧城外的公路和汽車

三、由西寧至皋蘭及至西安

由西寧出發向東行，經樂都、民和兩縣而達皋蘭。再由皋蘭越六盤山而達西安，直赴內地。

西寧至皋蘭公路

甘肅入青海之要道──享堂峽之享堂橋

四、由玉樹至西藏拉薩

自結古西南行，牛戰，經拉休地，折西入格吉地。再四站至雜曲渡口，行中䮫得馬、地中兩站，又經可客永、阿看那馬、盒諮尸，冉前行逾當拉嶺，乃青藏分界處。折西南經包學馬族地九站，經俄學族地九站，又經各土番族境，行十一站，至那曲俄兒過。再十四站至岸曲曲兒溝。又一站抵廄拉拉雜，經貢朵康賽，即至前藏都會之拉薩。以上統計，共牛站七十八小站，里數不詳，此道本為唐代由陝甘入藏之大道。

五、由玉樹之甘肅洮州

自結古東行，牛站，經通天河，石渠縣屬之色修莊。四站至麻木卡，經果洛族地二十三小站，至拉楞地。過黃河下游七站至循化縣屬之泥馬龍。由四站至洮州縣屬之麥如莊，經斜藏溝至洮州舊城。

六、水運情形

青海水運情形，亦極簡單，非若大江大海之有輪船便利。自西寧至皋蘭，夏秋間常見有皮筏〔註6〕沿湟水而下，名曰「渾脫」。輕浮水面，頗為巧便。所

〔註6〕皮筏：又稱「革船」。舊時西北地區黃河上游主要水運工具，大量使用於甘肅、青海、寧夏的黃河上。有牛皮筏、羊皮筏兩種，是用牛羊的整張皮袋連結而成。最早出現於東漢時期。據史料記載，東漢明帝永平八年（65年），「北虜（北匈奴）果遣二千騎候望朔方，做馬革船，欲渡迎南部畔者。」見《後漢書》卷89《南匈奴傳》。又載，東漢章帝章和二年（88年），護羌校尉鄧訓曾令長史任尚帶領湟中兵六千人，「縫革為船，置於箄（音 pái）上以渡河。掩擊迷唐廬落大豪，多所斬獲。」注云：「箄，木筏也。」見《後漢書》卷16《鄧訓傳》。

謂「不用輕帆並短棹，渾脫飛渡只須臾」〔註7〕者也。

　　本省交通路線，已如上述。其最重要者，厥為由蘭州經西寧至玉樹之線，以其為通康藏之要道也。次之，則為由西寧經都蘭至柴達木之線，可以北通玉門，西入新疆。惟新省之公路，多未開闢。一般旅行者，多乘犛牛車，犛牛且行且牧，頗為遲緩。由西寧至拉薩，非兩月不達。故欲開發青省富源，非先自改良交通入手不可，則本省鐵路與汽車路之興築，實係刻不容緩之圖。

　　按總理之《高原鐵路計劃》，須經過青海者有二線：一為拉薩—蘭州線，西起拉薩，中經柴達木東南谷底，及湟源、西寧、樂都等處而達皋蘭；二為蘭州—婼羌線，由皋蘭西行，中經海湖之東南角，及都蘭、柴達木等處，而至新疆之婼〔羌〕〔四〕。此二線關係於我國國防者，至為重要。惟以工程浩大，需款亦鉅，短期間不易實現。為今之計，應就可能範圍內，擇其最急要者先行修築。上述二線，當以蘭州—拉薩線為最重要，而尤以蘭州至西寧一段，為與內地聯絡之樞紐，亟應設法提前修築，以利建設。

　　次之，則為汽車路之修築，除主要幹線，如由西寧至玉樹及由西寧至柴達木兩線，必須加速完成外，其餘各縣間之汽車路，亦應群策群力，從速修築，以便運輸。在汽車路未完成以前，以及不便修路之地段，當仍採用牲畜載運辦法，以補不足，惟組織機構須較前加強耳。

青海省內常見之代步馬車

〔註7〕不用輕帆並短棹，渾脫飛渡只須臾：出自明代文學家李開先（號中麓）《塞上曲》一詩。此兩句描寫了黃河上皮筏之輕盈穩妥。

　　交通為建設之母，交通問題果獲解決，則青海之各項建設，自可迎刃而解矣。

【校勘】

〔一〕[魯]：據汪公亮《西北地理·青海省區之民生》第七節「青藏交通支路線」補。見《西北地理·青海省區之民生》1936，第 452 頁。

〔二〕[卓同，四站至爐賀縣屬之]：據汪公亮《西北地埋·青海省區之民生》第七節「青藏交通支路線」補。見《西北地理·青海省區之民生》1936，第 452 頁。

〔三〕匯：汪公亮《西北地理·青海省區之民生》作「涯」。見《西北地理·青海省區之民生》1936，第 452 頁。

〔四〕婼羌：新版、舊版印本及抄本俱缺「羌」，據上文補。

第十章　青海省之教育

青海因受地形限制，居民分定居及流居兩種，且因各族間語言、文字之不同，施教頗難。過去教育，收效甚微。究其所以不能發達之故，蓋有數因：

（一）由於辦教育者不得其人，不得其法，以致人民懷疑，不知辦教育者是何用意，致多觀望不前。

（二）蒙、番人民俱為游牧生活，遷徙無定，故教育不宜設施。

（三）由於辦教育者與各族人民言語隔閡，以致教育無法推進。

前清宣統二年，青海辦事大臣創設「青海蒙番學校」，專收蒙、番兩族之子弟，是為青海學校成立之時。當時蒙番人民多視教育為畏途，甚至用錢雇請漢人子弟代讀，至堪發噱。

民國初元改為「寧海蒙番學校」。為融洽各族感情起見，不論漢、回、蒙、番各族子弟，皆可入學。八年，為推廣各族小學教育起見，乃設立「蒙番師範學校」，成績尚佳。十八年改省後，乃將西寧原有各級學校改組，分別設立中學、師範、女子師範及職業學校。並將海南北各縣劃分為數十學區，分設初、高級小學數十所，以謀逐漸推廣。抗戰以後，國人視線漸集於西方，於是西北之教育亦日見發達。如中英庚款董事會所創立「湟川（西寧）中學」，教育部所創立之「西寧師範學校」，均已卓著成效。其對於蒙藏教育，雖設有「蒙藏訓練班」，但學生人數無多。以之作為推進蒙藏教育之基幹，似嫌不足。

為普及國民教育起見，尤非就各縣多辦師範學校、大量培植師資不可。至於施教方式，除定居區域，應設立固定學校外，其在游牧區域，應由曾受訓練之蒙、藏畢業生，與教育、經濟、醫藥專家組成「蒙藏巡迴教育團」，內分教育、衛生、農牧貸款等三股。教育股專司文化、教育宣傳事宜，應就設有牛廠

地方，入帳幕教人讀書、識字，並以各種民族語文編譯《總理遺教》、《總裁言論》以及有關抗戰建國及各該族本位文化之教材，以啟發邊地同胞之知識，確使邊地同胞認識中央政府為全國統一之政府，每一個中國人均係黃帝之子孫，大家均應相親相愛。此種精神教育，為泯除各族界限、融洽各族感情之重要工作；衛生股由醫生與獸醫合組而成，其任務為診療人畜疾病、防禦瘟疫及指導衛生、提倡各民族通婚等事宜，以醫藥為號召，甚易博得民眾信仰，發揮他股所不及之力量；農牧貸款股應由銀行及毛織、製革等工廠聯合組織之，以應牧民、農民之需要，貸以茶、糖、布匹、糧食等，收回皮、毛等原料。是種巡迴施教團，應與政治打成一片，並定為永久組織。試行數年之後，當必有良好收穫，而民族間之隔閡，亦可以消滅於無形矣。

西寧之中學

青海因受地理環境之支配，各族間此疆彼界，視若鴻溝。其在歷史發展上，則漢、蒙、回、藏各族互為消長，擾攘不已。詳求其癥結所在，實因各民族不能互相瞭解所致。自國父倡導民族主義以來，我政府推行民族政策，欲化五族為一國族。今當重建西北之時，為鞏固西北國防計，開闢西北荒地，發掘西北礦產等工作，仍屬於上層建築；而最基本、最重要者，則在於統一民族意識，方為長治久安之策。所以：第一，要消除民族間之隔閡與增進蒙藏文化。第二，要扶助各族發展國民經濟，此均為〔教〕〔一〕育者之使命。

苟各種事業一一俱舉，人口與物產加多，民族意識得以統一，則不啻建設無形之長城，以屏障我綿綿之邊疆矣。

【校勘】

〔一〕教：新版、舊版印本缺字，據抄本補。

第十一章 結 論

　　青海省，據我國本部及蒙、新、康、藏之中樞，為由陝甘入康藏必經之地。南以結古為通西康之門戶，西南以拜都嶺山山為通西藏之門戶，又西出托羅伊可通新疆，北逾祁連穿甘肅走廊可通蒙古。惟因道途荒僻，交通深感困難，而境內則荒草野原，大多未經開闢。國內人士對於青海之經營，亦向少措意；然而帝國主義者對此被棄寶庫早已垂涎三尺，年來各國人士來青遊歷者，踵趾相接，更有籍傳教之名，行調查之實，甚且故意造謠，攜貳民心，皆足證明帝國主義者處心積慮，用意叵測。

　　雖然青海除東北一隅為漢、回及少數人士雜處地帶外，其西南大部均係蒙、番人民游牧棲息之所。所有生活習慣及宗教上之信仰，大致相同；且以宗喀巴生於青海之故，在宗教上之關係尤為密切。苟能於青海經營得法，聯絡其宗教，化除各族間之隔閡，一致興起，在三民主義領導之下，為整個國族而奮鬥，以奠立建國基礎，則不惟可杜絕外人對青海之覬覦，而我國西北、西南之邊防，亦可日臻於鞏固之域矣。

　　青海地質較確，僅限於鹹湖附近及沙漠地帶。柴達木地方草叢茂密，西寧各縣舊稱膏壤，山谷之間冬暖夏涼，畜牧繁盛。統觀青海全境，東北宜墾，西南宜牧，近山之地宜於造林。因勢利導，改良擴充，必可成為工業原料唯一之區。據一般意見：

　　（一）應規定日月山以西，祁連山以南為畜牧區，以畜牧為主；但得視各地情形，而以農、林、工、鑛、商、漁、獵等為其副業。

　　（二）規定西寧附近各縣為農墾區，而以其他各業副之。

（三）規定大通河下游及亹源縣屬小王爺牧場一帶為軍馬區，廣育軍馬，以應軍需。事關國防，應以國營為原則。

惟可注意者，青海幅員雖廣，而人口過稀，蒙、番兩族人口有日漸衰減之象，以致豐美草地竟有經行數日不見人煙者。尤以祁連以南，海湖以北之畜牧草原，閒棄者為多。按空閒草地與戶口比例而言，約可增加戶口十倍以上，水草之地方能充分利用。又青海省可墾之地甚廣，現時已墾者不及百分之一，故在農墾方面比照現有農民，亦須增加數十倍，方能達致「地盡其利」之目的。

「有人此有土，有人此有財。」故欲開發青海，則移民墾殖，實為當務之急。返觀我國內地，人口繁多，土地不敷〔註1〕分配，失業者日眾，土匪、游民、乞丐充塞境內；生產原動力日益減少，國民經濟日趨困窘；一遇天災流行，則哀鴻遍野，死亡枕藉。為補救計，莫若使此消費者，皆從事於開發事業，俾能自食其力，且可增加生產，國家得一富源，人民享受地利，以利建設，以固國防。其策之善，無過於此。

青海建設為西北建設之一環，成敗利鈍，關係於建國前途者至鉅。有志之士，曷速起而圖之？

〔註1〕不敷：指不夠、不能滿足。

參考文獻

一、本書校勘所據參考文獻

（一）底本

1. 許崇灝：《青海誌略》，商務出版社 1943 年第 1 版。
2. 許崇灝：《青海誌略》，商務出版社 1945 年第 2 版。
3. 許崇灝：《青海誌略》，青海省圖書館藏抄本（參校）。

（二）參校有與本書史料所併載的同時代書籍和資料

1. 馬鶴天：《西北考察記·青海篇》，南天書局 1936 年版。
2. 高長柱：《邊疆問題論文集》，正中書局 1941 年版。
3. 周希武：《玉樹調查記（抄本）》影印本，成文出版社 1968 年。
4. 佚名：《青海風土概況調查記》，青海人民出版社 1985 年版。
5. 汪公亮：《西北地理》，正中書局 1936 年版。
6. 吳忠信：《西藏紀要》，全國圖書館文獻縮微複製中心 1991 年版。
7. 丘向魯：《青海各民族移入的溯源及其分布之現狀》，載於《新亞細亞》 1933 年 5 卷 3 期。
8. 《青海蒙旗戶數》，載於《西北評論》1932 年 1 卷 2、3 期。
9. 《青海蒙旗一覽表》，載於《新西北》1941 年 4 卷 4 期。
10. 黎小蘇：《青海之歷史沿革》、《青海建省之經過》。
11. 黎小蘇：《青海之經濟概況》，見民國雜誌《新亞細亞》，1934 年第 8 卷第 1 期、第 8 卷第 2 期。

12. 黎小蘇：《青海民族誌概況》，《新亞細亞》第 6 卷第 2、3、6、7 期。

13. 《青海之民族狀況》，見《新亞細亞》1933，〔12〕1933，第 6 卷。

14. 《青海之土司》，見《新亞細亞》（1934）。

15. 黎小蘇：《青海喇嘛教寺院》。

16. 朱允明：《新青海省之展望》。新亞細啞學會 1931 年，第 136 頁。

（三）參校有本書所採前人史料的書籍

1. 【南朝宋】范曄：《後漢書》校點本〔M〕，中華書局 1962 年版。

2. 【唐】李吉甫：《元和郡縣圖志》校點本，中華書局 2008 年版。

3. 【北宋】歐陽修、宋祁：《新唐書》校點本〔M〕，中華書局 1975 年版。

4. 【北宋】司馬光：《資治通鑒》〔M〕，中華書局 2013 年版。

5. 【元】脫脫等：《宋史》，〔M〕，中華書局 1977 年版。

6. 【南宋】李燾：《續資治通鑒長編》，中華書局 1985 年版。

7. 【明】宋濂、王褘等主編：《元史》，校點本〔M〕，中華書局 1976 年版。

8. 【清】顧祖禹：《讀史方輿紀要》，中華書局 2005 年版。

9. 【清】張穆：《蒙古游牧記》，商務印書館 1938 年版。

10. 【清】姚明輝編：《蒙古志》影印本，成文出版社 1968 年。

11. 【清】楊應琚：《西寧府新志》影印本〔M〕，文海出版社 1966 年版。

12. 【清】《清聖祖實錄》康熙五十九年十一月辛巳上諭，西藏研究編輯部編輯：《清實錄藏族史料》，西藏人民出版社 1982 年版。

（四）參校有輯錄本書部分文本的書籍和資料

1. 青海民族學院民族研究所：《青海民族史料彙編之五：土族族源討論集》，青海民族學院民族研究所 1983 年編印。

2. 丁世良、趙放主編：《中國地方志民俗資料彙編（西北卷）》，書目文獻出版社 1991 年版。

二、本書注釋參考文獻

1. 【南朝宋】范曄：《後漢書》校點本〔M〕，中華書局 1962 年版。

2. 【後晉】劉昫等：《舊唐書》校點本〔M〕，中華書局 1975 年版。

3. 【北宋】歐陽修、宋祁：《新唐書》校點本〔M〕，中華書局 1975 年版。

4. 【北宋】司馬光：《資治通鑒》〔M〕，中華書局 2013 年版。

5. 【北宋】陸佃《埤雅‧釋獸》，商務印書館 1936 年版。

6. 【明】倪輅輯：《南詔野史》，雲南人民出版社 1990 年版。

7. 【清】張廷玉等：《明史》校點本，中華書局 1974 年版。

8. 【清】楊應琚：《西寧府新志》影印本〔M〕，文海出版社 1966 年版。

9. 【清】張穆：《蒙古游牧記》，商務印書館 1938 年版。

10. 【清】汪士鐸：《水經注圖》，山東畫報出版社 2003 年版。

11. 【清】薩囊‧徹辰著‧沈曾植箋：《蒙古源流箋證》，文海出版社 1965 年版。

12. 【清】楊應琚編纂：《西寧府新志》，青海人民出版社 1988 年版。

13. 【清】徐珂：《清稗類鈔‧地理類》，中華書局 1984 年版。

14. 【清】李天祥：《碾伯所志》，青海人民出版社 2016 年版。

15. 【清】王樹枏總纂：《新疆圖志》卷 69，東方學會重校增補鉛印本，1923 年版。

16. 趙爾巽等：《清史稿》卷五百二十二，中華書局 1997 年版。

17. 周希武：《玉樹調查記》〔M〕，青海人民出版社 1986 年版。

18. 佚名編，王昱、李慶濤整理：《青海風土概況調查記》〔M〕，青海人民出版社 1985 年版。

19. 國民政府內政部：《內政部後方各省市戶口統計》〔M〕，1943 年 9 月編印。

20. 曹寧主編：《民國文獻資料叢編‧民國人口戶籍史料續編》第一冊〔M〕，國家圖書館出版社 2013 年版。

21. 揚啟葛：《實用中國地名檢查表》〔M〕，中華書局 1934 年版。

22. 顧頡剛：《史林雜識初編》〔M〕，中華書局 1963 年版。

23. 吳景敖：《西陲史地研究》〔M〕，中華書局 1948 年版。

24. 楊仲華：《西康紀要》，商務印書館 1937 年版。

25. 陳中為：《西康問題》，南天書局 1930 年版。

26. 林鵬俠：《西北行‧青海》，自印簽名本，1936 年初版。

27. 馬鶴天：《西北考察記‧青海篇》，南天書局 1936 年版。

28. 盧龍、白眉初：《最新民國地志總論‧水道篇》，世界書局 1926 年版。

29. 馬鶴天：《甘青藏邊區考察記》，中國國際廣播出版社 2016 年版。

30. 高長柱編：《邊疆問題論文集》，正中書局 1941 年版。

31. 崔永紅、張得祖、杜長順主編：《青海通史》〔M〕，青海人民出版社 1999 年版。

32. 張忠孝：《青海地理》〔M〕，科學出版社 2009 年版。

33. 國家民委《民族問題五種叢書》青海省編輯組編：《青海省藏族蒙古族社會歷史調查》〔M〕，民族出版社 2009 年第 1 版。

34. 王仲犖：《魏晉南北朝史》〔M〕，中華書局 2007 年版。

35. 周偉洲：《吐谷渾資料輯錄》〔M〕，商務印書館 2017 年版。

36. 黃文弼：《西北史地論叢》〔M〕，上海人民出版社，1981 年版。

37. 王維屏、胡英楣：《偉大的黃河》，新知識出版社 1955 年版。

38. 吳均：《吳均藏學文集（上冊）》，中國藏學出版社 2007 年。

39. 中國科學院自生區劃工作委員會編：《中國地貌區劃（初稿）》，科學出版社 1959 年版。

40. 何玲、張照雲編：《青海蒙古族史料集》，青海人民出版社 2005 年版。

41. 劉滿：《河隴歷史地理研究》，甘肅文化出版社 2009 年版。

42. 石銘鼎：《江源首次考察記》，水利電力出版社 1990 年版。

43. 三木才：《千年汪什代海》，青海人民出版社 2006 年版。

44. 郭沫若主編：《中國史稿地圖集》〔M〕，地圖出版社 1979 年版。

45. 譚其驤主編：《中國歷史地圖集》（八冊）〔M〕，中國地圖出版社 1987 年版。

46. 譚其驤主編：《簡明中國歷史地圖集》〔M〕，中國地圖出版社 1991 年版。

47. 【日本】松田壽男：《新支那滿回蒙藏最詳地圖》，四海書房 1939 年刊。

48. 星球地圖出版社編：《中國分省地圖冊》〔M〕，星球地圖出版社 2006 年版。

49. 張紅主編：《青海省地圖冊》〔M〕，中國地圖出版社 2006 年版。

50. 星球地圖出版社編：《青海省地圖冊》〔M〕，星球地圖出版社 2008 年版。

51. 臧勵龢等編：《中國古今地名大辭典》〔Z〕，上海書店出版社 2015 年版。

52. 戴均良等主編：《中國古今地名大詞典》，上海辭書出版社 2005 版。

53. 周發增、陳隆濤、齊吉祥主編：《中國古代政治制度史辭典》，首都師範大學出版社 1998 年版。

54. 余鹿年編：《中國官制大辭典》，黑龍江人民出版社 1992 年版。

55. 地質礦產部地質辭典辦公室：《地質大辭典》〔Z〕，地質出版社 2005 年版。

56. 夏徵農主編：《辭海·歷史地理分冊》〔Z〕，上海辭書出版社 1989 年版。

57. 夏徵農、陳至立主編：《辭海·附錄 中國歷史紀年表》〔Z〕，上海辭書出版社 2010 年版。

58. 任斌：《清代青海東部軍政建制與「西寧辦事大臣」屬地》〔A〕，輯於《青海歷代建制研究》〔C〕，青海社會科學院歷史研究所 1987 年編印。

59. 胡兆祺《黃河探源》〔A〕，輯於祈明榮主編《黃河源頭考察文集》〔C〕，青海人民出版社 1982 年版。

60. 王堯：《黃河源上兩大湖——扎陵、鄂陵名稱位置考實》〔A〕，輯於《黃河源頭考察文集》〔C〕，青海人民出版社，1985 年版。

61. 滇人：《禹貢黑水考》〔J〕，載於原中國地學會《地學雜誌》第 176 期，1935 年版。

62. 馬玉潔：《兩漢護羌校尉府治所遷徙考述》〔J〕，載於《哈爾濱師範大學社會科學學報》2016 年第 4 期。

63. 周全福：《藏族郭密部落歷史演進》〔J〕，載於《青海民族研究（社會科學版）》第 14 卷第 1 期，2003 年 1 月版。

64. 聰喆：《乙弗勿敵國始末》〔J〕，載《青海社會科學》1991 年第 6 期。

65. 龐琳：《白蘭國的位置及其交通路線——兼與白蘭在柴達木巴隆一說商榷》〔J〕，載於《青海社會科學》1992 年第 3 期。

66. 任乃強，曾文瓊：《〈吐蕃傳〉地名考釋》〔J〕，載於《西藏研究》1982 年 02 期。

67. 李文實：《白蘭國址再考》〔J〕，載於《青海社會科學》1984 年第 1 期。

68. 【日本】松田壽男：《吐谷渾遣使考》〔J〕，載於《史學雜誌》48 編，第 11、12 期，1937 年。

69. 黃文弼：《古樓蘭國歷史及其在西域交通上之地位》〔J〕，載於《史學集刊》第 5 期，1947 年 12 月。

70. 周偉洲、黃顥：《白蘭考》〔J〕，載於《青海民族學院學報》，1983 年 02 期。

71. 吳均：《日月山與大非川》，載於《青海民族學院學報》1985 年第 1 期。

附錄　許崇灝先生著述目錄

一、詩歌集

1.《大隱廬詩草》六卷，民國二十五年（1936）鉛印本。

2.《太隱廬曲》一卷。

二、諸類專著

1.《戰術應用作業之參考》，民智書局 1927 年版。

2.《訓政時期調查戶口之意見》，民智書局 1927 年 12 月版。

3.《中學校用青年訓練教範》，民智書局 1929 年 1 月版。

4.《小學校用青年訓練教範》，民智書局 1929 年版。

5.《德國聯合兵種指揮及其戰鬥》（翻譯），民智書局 1929 年版。

6.《徵兵之沿革及施行法》，民智書局 1929 年 7 月版。

7.《列強之青年實業補習教育》，民智書局 1930 年 4 月初版，1934 年 3 月再版。

8.《遊日紀要》，考試院 1933 年 1 月版。

9.《內蒙古地理》，新亞細亞學會 1937 年 6 月版。1945 年 6 月正中書局再版時改名為《漠南蒙古地理》。

10.《中印歷代關係史略》，〔上海〕獨立出版社 1942 年 8 月版。

11.《中國政制概要》（二冊），商務印書館 1943 年 9 月初版。

12.《青海誌略》，商務印書館 1943 年 11 月初版，1945 年 6 月再版。

13.《邊疆述聞》，正中書局 1943 年版。

14.《伊斯蘭教誌略》，商務印書館 1944 年 1 月版。

15.《新疆誌略》，正中書局 1944 年 7 月版。

16.《瓊崖誌略》，正中書局 1945 年 4 月版。

17.《臺灣島》，新中國出版社 1948 年 6 月版。

18.《海南島》，新中國出版社 1948 年 6 月版。

19.《許崇灝回憶錄》，未刊稿。

三、學術論文暨散見文章

1.《隘路戰之研究》，載《南洋兵事雜誌》1910 年第 44 期、第 45 期。

2.《夜間之射擊教育》，載《南洋兵事雜誌》1910 年第 49 期。

3.《游泳教育法》，載《南洋兵事雜誌》1910 年第 52 期。

4.《射擊預行演習之實驗》，載《南洋兵事雜誌》1911 年第 57 期。

5.《炮兵陣地選定之應用問題（附圖）》，載《陸軍學會軍事月報》1913 年第 3 期。

6.《動員業務》，載《浙江兵事雜誌》1916 年第 27 期、第 28 期、第 29 期。

7.《火車抵抗力之研究》，載《路政之研究》1920 年第 1 期、第 2 期。

8.《最有關於交通之揮發油》，載《路政之研究》1920 年第 2 期、第 3 期。

9.《中央財政委員會議決仿照香港鳌印辦法施行銀業印票以裕收益案（第十八次常會會議議決）》，載《廣州市市政公報》1924 年第 119 期。

10.《揮發油與戰爭之關係》，載《建國粵軍月刊》1925 年第一期（創刊號）、第二期。

11.《國家總動員》，載《建國（廣州）》1928 年第 9 期。

12.《各國青年軍事訓練概況》，載《建國（廣州）》1928 年第 11 期。

13.《日本之行政制度概要（附圖表）》，載《建國月刊（上海）》1931 年第 1 期。

14.《日本行政制度特質》，載《民鳴雜誌》1931 年第 1 期。

15.《德意志內閣制度之研究》，載《建國月刊（上海）》1931 年第 4 期。

16.《日本考試制度（赴日考察報告）》，載《考試院公報》1931 年第 10 期。

17.《日本之社會事業（赴日考察報告）》，載《考試院公報》1931 年第 10 期。

18.《日本地方自治制度》，載《考試院公報》1931 年第 10 期，《新亞細亞》1932 年第 3 期轉載。

19.《日本之資源調查（附表）》，載《考試院公報》1931 年第 11 期。

20.《日本內閣統計局之調查》，載《考試院公報》1931 年第 11 期。

21.《治瘧疾百試百效三方》，載《廣濟醫刊》1932 年第 3 期。

22.《西北紀行》，載《新亞細亞》1932 年第 4 期。

23.《東北之富源》，載《新亞細亞》1932 年第 5 期。

24.《邊疆述聞》，載《新亞細亞》1932 年第 5～6 期、1933 年第 1 期、第 3 期。

25.《海南三市近狀》，載《新亞細亞》1933 年第 1～2 期。

26.《班禪大師全集序》，題「許崇灝序」，見《班禪大師全集》中國邊疆學會 1934 年版。

27.《哀南溟》（合撰），載《新亞細亞》1935 年第 2 期。

28.《內蒙古地理》，載《新亞細亞》1936 年第 4 期、1937 年第 1 期。

29.《子持甘藍（附圖表）》，載《園藝》1936 年第 4 期、1937 年第 4 期。

30.《內蒙古各旗略志》，載《新亞細亞》1937 年第 2～4 期。

31.《內蒙古哲里木盟科爾沁部右翼後旗之農牧業》，載《農報》1937 年第 19 期。

32.《五族同本說》，載《中國邊疆》1942 年創刊號，《新亞細亞》1944 年第 2 期轉載。

33.《土司制度略考》，載《中國邊疆》1942 年第 2 期。

34.《西北建設問題之商榷》，載《新亞細亞》1944 年 14 卷 1 期。

35.《吾人對於邊疆各宗族的責任》，載《邊政公論》1945 年第 1 期。

36.《名人名言》，載《考政學報》1945 年第 2 期。

37.《調整邊政機構之擬議》，載《邊政公論》1947 年第 1 期。

38.《琉球與我國歷代之關係》，載《中國邊疆》1947 年第 9 期。

39.《雲南概述》，載《中國邊疆》1947 年第 10 期。

40.《中國邊疆問題處理方案》，載《國防月刊》1948 年第 1～2 期。

41.《外蒙的軍事》，載《國防月刊》1948 年第 4 期。

42.《治邊方案》，載《中國邊疆》1948 年第 12 期。

四、詩曲歌詠

1.《黃山晚眺》（詩），載《浙江兵事雜誌》1915 年第 21 期。

2.《秋興集句用少陵原韻錄六首》（詩），載《浙江兵事雜誌》1916 年第 23 期。

3. 《廬山即景口占》（詩），載《海潮音》1933 年第 9 期。

4. 《大林蓮社聽經贈太虛法師》（詩），載《海潮音》1933 年第 10 期。

5. 《西北途中雜詠：乘飛機視察黃河青海》（詩），載《新亞細亞》1934 年第
   6 期。

6. 《西北途中雜詠：西寧城閒眺》（詩），載《新亞細亞》1934 年第 6 期。

7. 《西北途中雜詠：關中道》（詩），載《新亞細亞》1934 年第 6 期。

8. 《西北途中雜詠：茂陵植樹》（詩），載《新亞細亞》1934 年第 6 期。

9. 《西北途中雜詠：遊五泉山》（詩），載《新亞細亞》1934 年第 6 期。

10. 《西北途中雜詠：隴海路中》（詩），載《新亞細亞》1934 年第 6 期。

11. 《西北途中雜詠：乘飛機入甘青》（詩），載《新亞細亞》1934 年第 6 期。

12. 《題少強畫集》（詩），載《北洋畫報》1934 年 12 月 6 日第 1176 期。

13. 《詠問禮亭（得地字）》（詩），載《新亞細亞》1936 年第 3 期。

14. 《二十六年春乘飛機入甘青》（詩），載《空軍》1937 年第 229 期。

15. 《錦城客舍》（詩），載《民族詩壇》1938 年第 1 期。

16. 《康遊吟》（詩），載《民族詩壇》1938 年第 2 期。

17. 《江南憶》（曲），載《民族詩壇》1938 年第 2 期。

18. 《見仙人掌》（詩），載《蒙藏旬刊》1938 年第 4～6 期。

19. 《憶江南》（詩），載《黃花崗》1938 年第 5 期。

20. 《訪黃宅園林》（詩），載《黃花崗》1938 年第 9 期。

21. 《雨夜寄軍中友》（詩），載《黃花崗》1938 年第 9 期。

22. 《感事》（詩），載《黃花崗》1938 年第 9 期，《民族詩壇》1939 年第 4 期
    轉載。

23. 《登浮圖關》（詩），載《黃花崗》1938 年第 9 期。

24. 《登萬縣西山》（詩），載《黃花崗》1938 年第 9 期。

25. 《登高望江》（詩），載《黃花崗》1938 年第 9 期。

26. 《過大相嶺見佛光》（詩），載《海潮音》1938 年第 12 期。

27. 《與靈覺寺僧閒話》（詩），載《海潮音》1938 年第 12 期。

28. 《由巴縣起程將遊西康》（詩），載《蒙藏旬刊》1938 年第 156～158 期。

29. 《答友》（詩），載《民族詩壇》1939 年第 1 期。

30. 《登歌樂山雲頂峰》（詩），載《民族詩壇》1939 年第 2 期。

31. 《贈尹默》（詩），載《民族詩壇》1939 年第 2 期。

32.《寶章閣遠眺》（詩），載《民族詩壇》1939 年第 3 期。

33.《感懷》（詩），載《民族詩壇》1939 年第 3 期。

34.《消夏（七之四）》（詩），載《民族詩壇》1939 年第 3 期。

35.《新秋》（詩），載《民族詩壇》1939 年第 4 期。

36.《愁歌》（詩），載《民族詩壇》1939 年第 4 期。

37.《晨興散步》（詩），載《民族詩壇》1939 年第 5 期。

38.《月下賞梅花》（詩），載《民族詩壇》1939 年第 5 期。

39.《即事十九首》（詩），載《民族詩壇》1939 年第 6 期。

40.《送纕蘅先生之西藏》（詩），載《民族詩壇》1940 年第 2 期。

41.《開發西南歌》（歌），載《民族詩壇》1940 年第 2 期。

42.《募寒衣歌》（歌曲），載《民意（漢口）》1940 年第 108 期。

43.《詩十首》（詩），載《邊政公論》1941 年第 2 期。

44.《短歌》（歌曲），載《青年音樂》1942 年第 6 期。

45.《偶感》（詩），載《華僑先鋒》1943 年第 1 期。

46.《閒行》（詩），載《華僑先鋒》1943 年第 1 期。

47.《山居雜興》（詩），載《華僑先鋒》1943 年第 2 期。

48.《秋感和亞佛勻》（詩），載《華僑先鋒》1943 年第 3 期。

49.《和涵初宜情勻》（詩），載《華僑先鋒》1943 年第 4 期。

50.《和漢臺近感勻》（詩），載《華僑先鋒》1943 年第 4 期。

51.《癸酉高等考試柬奉典試委員》（詩），載《考政學報》1944 年創刊號。

52.《題周君慶光〈故山別母圖〉》（詩），載《考政學報》1944 年創刊號。

53.《河南七律分韻余因事未赴承寄劍字勉成短句》（詩），載《本行通訊》1944 年第 91 期。

54.《殷憂》（詩），載《考政學報》1945 年第 2 期。

55.《聞青年從軍甚踊躍感作和梅谷韻》（詩），載《中華樂府》1945 年第 4 期。

56.《國民政府主席蔣公六十壽頌》（詩），載《廣屬會刊》1946 年第 2 期。

57.《陳介士先生惠贈佳作勉成俚句以酬雅意》（詩），載《廣屬會刊》1947 年第 3~4 期。

58.《越南阮海臣寄示七十自壽之作勉成短句奉酬》，載《中國邊疆》1948 年第 11 期。

外七種

奉派赴青海省監視祭海
慰問蒙藏人民經過報告書

陳敬修

　　二十一年十二月二十日完成於首都。

　　本年九月九日按：奉行政院第六八號令，開派陳敬修為監視祭海大典專員。此令。等因；同日奉本會總字第九八號令，開茲特派本會總務處處長陳敬修為青海慰問專員。此令。各等因；奉此。

　　伏查青海每年祭海典禮，創始於前清雍正時代。維時因用兵，西北大軍至日月山，無水供飲，掘地得泉，或侍泉從地湧出，清世宗據奏，乃遣官祭告青海，並敕封靈應青海之神。在察汗城北，建立海神廟，立漢滿蒙三體字神位石碑，並定每年秋享一次，儀同四瀆龍神。此原籍百靈効順〔註1〕之說，以彰君權而耀國威之意。惟於祭海典禮完成之後，所有預祭各蒙古王公（呼圖克圖等藏族不為與祭）全體集合於察汗城，在欽差大臣監視之下舉行會盟。王公存無故不到者，罰札薩克旗三年。將此一年中各盟旗間所發生之糾葛，當面質理清楚，由欽差秉公評斷，並預定明年各盟旗所應做之工作。會盟完畢，由欽差大臣率領各王公至東科爾寺賞賜御宴、什物。至此，祭海典禮始告完成，各回牧地。此舉雖不脫神權時代之色彩，而其含有重大政治意義非可忽視者也（以上見《蒙古游牧記》，載「和碩特部紀」及本會■■〔一〕）。

　　自鼎革後，官制變更，西寧已無欽差大臣。所有每年祭海事宜，中央政府亦從未派員監視，僅由西寧護軍使或青海省主席臨時派員代表蒞臨。本年先由

〔註1〕効順：効，同「效」。表示忠順。出自漢朝賈誼的《新書·五美》：「細民鄉善，大臣効順。」

本會查案，呈請派員前往。風聲所播，蒙藏騰歡。陝甘各省政府臨時亦派遣代表前往參預，青海省政府主席馬麟屆時親往主祭。職等奉命之餘，深懼中央德意及本黨主義、政策不能盡量傳達於蒙藏人民。戒慎恐懼，惟虞隕越〔註2〕。茲幸使命業已完成，謹將經過、詳細情形及就便巡遊視察所得實況臚陳於次。恭請鑒核為禱。

第一　旅程及經過情形

　　職等奉命後，於九月十三日由京渡江，至浦口待車出瑴〔註3〕，計攜帶中央黨部宣傳品一大箱，本會贈送各盟長札薩克禮品七大箱，總理遺像及林主席、蔣委員長、汪院長、石委員長〔註4〕等肖像共一箱，私人行李共八件，並帶隨從工役傳達二人、傳事一人，一行總計員工五人，禮品行李十七件。十四日附乘津浦通車出發，沿途待車、換車，至十八日始到潼關，換乘汽車，到達西安。適奉會令因祭海期迫，著乘飛機務於馬日前到達蘭州等因，遵即將隨從工役三人連同禮品、行季各件留陝待運。職等購買歐亞航空公司票位，於二十二日晨八時起航，當日午前十一時三十分到達蘭州。二十三日，在蘭僱定騾轎，臨時選僱從役一人。十四日由蘭州起行，計程四百二十里，行六日，中經新城—黑嘴子—享堂（青甘兩省分界）—高廟子—張其寨，於二十九日到達西寧。

　　維時祭海日期雖過——祭期原定二十三日，各該與祭蒙古盟長、札薩克、臺吉等游牧地區遠近不一，遠者須行二十日，近亦須四五日方可到達，其隨行人馬餐食各有定數，而察汗城海神廟均屬草地，無法補給。延至二十六日，乃由青海省政府主席馬麟率領各盟長、札薩克、臺吉等行禮、會盟、賜宴如儀。祭後各該盟長、札薩克、臺吉等，並藏族各昂鎖、千戶、百戶、官人暨西寧附

〔註2〕惟虞隕越：隕越，猶失職。生怕有辱使命。

〔註3〕瑴：古同「發」。

〔註4〕石委員長：指石青陽。名蘊光，字青陽，四川巴縣人，1879年（清光緒五年）生。清末秀才，1906年，在東京加入中國同盟會。1914年，加入中華革命黨。1915年至1916年，在四川參加護國戰爭。1917年12月，任川北招討使。1918年3月，任四川陸軍第二師師長，兼川北鎮守使。後又任川滇黔靖國聯軍援陝第一路軍總司令。1921年12月，任大本營參議。1922年，奉命入川勞軍，旋任四川討賊軍第一路軍總司令兼川東邊防軍總司令。1923年11月，任討賊軍第三軍軍長。1924年，四川討賊軍失利後去廣東；同年1月，任國民黨第一屆中央執行委員。1931年12月，當選為國民黨第四屆中央執行委員；12月，任蒙藏委員會委員長，故稱「石委員長」。1935年3月25日，病逝於南京。國民政府追贈陸軍上將。

近各寺院呼圖克圖等，隨從馬主席回集西寧。當職等到達之日，各盟長、札薩克、臺吉、昂鎖、千戶、百戶、官人、呼圖克圖等於當日午前在省主席馬麟領導之下，隨同青海省黨、政、軍、學各領袖及各民眾團體遠出東郊列隊恭迎，藉以表示對黨、對國之最高敬禮，並表示及接受中央政府及本會撫慰邊疆之熱忱。對黨、對國之儀式隆重，至為肅穆。

到後次日，適西寧區回教大學長、大阿衡新被選舉，行就任式，馬主席麟及馬師長步芳以回教徒地位親來邀約，職等以私人名義到清真寺參加並往回教文化促進會參觀中山堂及附設中學。正午在青政府與馬主席及各省委並省黨務特派員晤面。適於是時接到收復青海南部失地——囊謙、大蘇莽、小蘇莽——之捷報，各當局及西寧學生、民眾一時情緒均極興奮，群相謳頌黨與政府之德威。

十月一日，黨、政、軍、學各界聯合開大會，於西寧小教場民娛會場內歡迎中央祭海慰問專員，慶祝玉樹戰捷，並與蒙藏來省人員聯歡。職等於大會中報告來青任務，並分別講述本黨民族主義及政府所定抗日剿赤各政策，尤注意於和平解決西藏問題之重大意義。各界領袖均有講演，各蒙藏人員均能領悟。午後，由職等用中央名義與省黨、政、軍當局聯合召宴來省之各呼圖克圖及寺院大喇嘛、蒙古盟長、札薩克、臺吉、藏族昂鎖、千戶、百戶、官人等於省政府中山堂，職敬修主席，鄭重宣示本黨民族主義及比次奉派來青代表政府慰問蒙藏同胞及各個民族之德意。當席由敏珠爾呼圖克圖用藏語繙譯。各來賓於恭聆之後，推舉班禪教下堪布李金鐘用藏語答謝。仍由敏珠爾譯為國語。布達後，蒙藏各員當場議決，聯名電呈府院、本會，切實表示接受、撫慰及擁護中央，服從省府之至誠。各預宴者就席歡呼、歌唱、勸酧〔註5〕、舞蹈、狂飲，盡皆爛醉，始各謝宴散去。拠〔註6〕熟悉邊情者云，此種民族歡宴，實為國史新紀錄，清代民初均未之有也。晚間，各機關職員與新九師官長、士兵及各學校學生、各民眾團體列隊，提燈遊行慶祝。

二日，受回教青年學會之招請，職等到會分別講演民族主義及宗教與教育。三日至九日，在西寧受蒙藏文化促進會、藏文研究社、西寧各級學校聯合大會、班禪駐青辦公處各廳局等團體之歡迎，各有講演，並於此數日中個別訪謁，並接見各蒙藏人員及黨、政、軍、學各領袖，各呼圖克國、大喇嘛等，隨在均以政府眷念西陲，積極籌備開發西北、抗日剿赤，並和平解決中藏問題等

〔註5〕勸酧：酧，音 chóu，同「酬」。互相勸酒、敬酒。
〔註6〕拠：古同「據」。

重要政策為談話題材。省政府秘書楊質夫、班禪駐青辦公處科長黃子雲及敏珠爾呼圖克圖等三員分任譯事，類能曲折達意，勝任愉快。

　　國慶日後，即行籌備遊歷青海沿岸及巡禮西寧附近各大寺院，並視察各蒙藏游牧耕種地域。十月十三日晨，由西寧出發，沿湟水流域西行，經經歷扎馬隆、湟源縣、東科爾寺（亦譯洞闊寺或丹噶爾寺，清乾隆賜名「積善寺」）、日月山（藏名「多聶爾大」）、海神廟、察汗城、得隆拱馬及青海東南部沿岸各地暨倒淌河流域，歸途視察沙垃庫圖（即古臨羌城），仍逕札馬隆向東南行。於十九日，到達塔爾寺。沿途均擇要攝影，塔爾寺以宗喀巴關係，佛教徒尊為聖地。每年春（農曆元宵前後數日）秋（農曆九月中旬）兩季例有觀景勝會。是會以塔爾寺及魯沙爾為中心，縱橫一千里內之漢、回、蒙、藏、撒拉、土人屆期齊集於此，舉行貿易並供佛布施。寺內喇嘛僧眾亦於是時為民眾誦經祈福，跳神禳災，蓋亦春祈秋報之意也。職等於十九日到該寺附近時，寺內僧綱、執事及各呼圖克圖、諾門汗之管家等均各身著法衣，列隊乘馬遠道來迎，籍以表示對政府之禮意。二十日，謁寺主阿嘉呼圖克圖及賽赤圖諾門汗。其時，東科爾呼圖克圖亦在寺內學法於經座阿嘉，時得與職等會見。復因會勝人多，自應維持秩序，駐青陸軍新編第九師師長馬步芳親率所部憲兵團之一部及特務團全部先日來魯沙爾市■■露營施行警備。馬步芳師長於二十一日就魯沙爾中心廣場搭棚插帳舉行萬民聯歡大會。在西寧服務之省政府委員及黨、政、軍、學■■各領袖及重要職員均來參加。由職等與各省委、黨特委等心鄂譯溪瀠盛分別講演黨義、政策，分發漢藏文字講詞傳單，同時演劇、雜技、賽馬、唱歌（以番曲——藏謳為中心，蒙、回、撒拉、伊、涼各曲均有）。自二十日起至二十二午後十二時止，三日之中兩大宗教（佛回）六種民族（漢、回、蒙、藏、撒拉、土人）在黨旗國徽領導之下長時聚會，儘量娛樂，毫無爭執口角不快之事發生，對總理遺像有膜拜如禮佛者。二十二日，魯沙爾市回教文化促進會內建築中山堂，適告落成。在該市分會領導下所開設之各級小學，總計有漢、回、蒙、藏四族學童八百另二人，於是日開會紀念並歡迎職等前往講演。塔爾寺之喇嘛、僧眾前往參加者為數亦夥。肅肅雍雍，成績斐然。

　　二十三日，由塔爾寺出發，隨馬師演習野戰部隊，回歸西寧。二十五日午前九時，馬師駐西寧之步兵一旅、砲兵各一團、特務團全部、通信隊一連，在西寧東關外大校場兵營前舉行秋季校閱並講評。二十三日之野外演習，馬師長步芳親來招請參觀，並請求予以指導。職等辭不獲已，乃以來賓資格蒞臨參觀。

閱兵後演習制式教練及刺槍、劈刀各項技術，並予公列式後講評成績。職等未予講話。自二十四日以後，分日訪謁省主席以次各廳長及在省呼圖克圖、大喇嘛等，聽取關於中藏問題之真實意見及關於青海省內各民族間之政治、經濟、宗教、教育、風俗等項之實際情形，俾便與考查所得情形，互相參證。

迄至二十九日起，再度離開西寧，向西寧迆北地區遊歷。三十日，到達廣惠寺（藏名「果莽寺」）。寺為敏珠爾、沙里瓦、喇科三呼圖克圖及甘珠爾諾們汗駐錫所在，為青海省內建築最早之黃教寺院。敏珠爾於各寺院旗族群起反對縣局蒙務爭持阻撓之下，力排萬難，自行籌款創辦之蒙藏第一學校附設於此。有蒙、藏、漢族學童八十餘人。校內建有中山堂。課程除每日有藏文一小時外，余為黨義、國文等，與縣立小學相同。職等於卅一日前往考察講演。十一月一日至二日，參觀寺院全部，視察寺院附近森林及農村狀況，並到衙門莊參觀大通縣立衙門莊兩級小學校。該校中山堂及新校舍正在建築中，尚未完成。於歸途中，就便考察蒙藏人民工、農狀況。二日，離廣惠寺，渡人通河，宿許家寨，考察漢、回、蒙、藏，土人雜居、農作情形。

四日，歸西寧城，整理各項照片、文件，靜待本會贈送蒙藏各員之禮品到來。直至十一月十日，卜項禮品始隨新九師軍火到著西寧。隨即整理各項禮品，並在西寧酌量添配（在京時，只備有蒙古盟長、札薩克及呼圖克圖等之件，藏族各員須另添置），分配完整後，乃移送省政府請其按名派員分送各游牧所在地，並經職等商準，省黨特處假黨部大禮堂，招請本省政府主席以次各黨、政、軍、學暨各民眾團體領袖及在省各呼圖克圖、堪布、大喇嘛等宴會，藉以報告所得情形，因以告別。十六日，離開西寧。本省政府主席以次黨、政、軍、學各領袖及在省各呼圖克圖、堪布、喇嘛、千戶、百戶暨學術團體、民眾團體等，仍整列至東郊外，歡送如儀。情致殷殷，不勝依戀，有再送至三十里外小峽鎮始行告別者。是皆政府德威之所感召也。

十六日，由西寧接站乘驛轎東行。就便西寧迆東樂都、互助、民和各縣屬地仍費時六日，至二十一日到達蘭州。於晉謁甘肅省政府主席及駐甘綏靖主任後，得知赤匪竄擾陝西，逼近於午鎮，並知甘省所屬平涼、蘭州之間，土匪肆擾，出沒無常，乃將蒙、藏及青海當局回敬本會土儀及殘餘禮品與私人所攜帶之行李各件，交青海省政府所派晉京之科長王振綱代為管理，由汽車運陝。職等在蘭滯留八日，待機航行。三十日，附歐亞航空公司郵政飛機由蘭啟航。至十二月二日午後四時，到達本京。所幸監視祭海使命幸告完成。

　　茲將此次在青海遊歷考察所得各民族分布地域及該省政治、經濟、宗教、教育各詳細情形，敬謹分述於下並為結論，藉作建議，以備鑒核採納施行。至於有應專案呈報請示者，仍作專案呈報，合併附呈。

第二　因關秘密未付印〔註7〕

第三　民族及其分布情形

　　依歷史之概略言，青海在西漢特始有趙充國屯田湟中，防止羌侵之紀錄。嗣後，王莽賂買西羌，建置西海郡。迄隋置貴德州。唐宋為回紇、土蕃、西夏所割據。元代，蒙古鐵騎進青海，收西藏，封汗建國。迨清代用兵西寧，始以甘、涼、肅三州迤南及西寧迤西各地區為邊疆。邊外地方視為畿服，建西寧道，轄州縣七，隸甘肅省。民國十七年後，乃就西寧道區及蒙旗、藏族所住耕牧各地建為青海省。全省面積約二百四十餘萬方里。省會設於西寧。全省各民族人口總和為三百餘萬。■此洪荒地區歷為漢、羌、回紇、土蕃、蒙古諸民族互相角逐，■為雄長之場，自然地理之所關，歷史人文之所繫。六種民族同居共命，絕非偶然。其別如次：

　　　　（一）漢族
　　　　（二）回族
　　　　（三）蒙古
　　　　（四）藏族
　　　　（五）撒拉
　　　　（六）土人

　　青海省現有之行政區域，計舊西寧道所屬之西寧、大通、湟源、貴德、循化、化隆、樂都（舊碾伯縣）等七縣。復於七縣內分設互助縣（西寧縣分設）、亹源縣（大通縣分設）、民和縣（樂都縣分設）、同仁縣（循化縣分設）、共和縣（就西寧番郭密九族地分設）等五縣。■■■青海岸及青海西部南部各地包有香日德——班禪游牧地——設為都蘭縣，並就通天河流域——金沙江上游及其上游各支流所有地帶設為玉樹縣。總計，已設有十四縣。

〔註7〕北京大學圖書館、國家圖書館所藏油印本第二部分內容空缺，當時因涉密未印。原報告書檔案是否尚存，不能確定。若尚存，則或在南京國民政府蒙藏委員會檔案之中，現存中國歷史第二檔案館。經聯繫該檔案館查檔處，獲知蒙藏委員會檔案原件目前已停止開放，複印件尚未掃描完成，故暫時無法查知相關內容。今仍付闕如。

　　依自然地理而■，■■本省以巴彥喀拉為■，本省南部確已■■喇山之
南，可分為通天河及瀾滄江■流域。通天河正■■■上游，莊門格河、烏蘭不
倫河之所經。舉凡當權山脈──與回藏分界──以北玉樹各族之所居均可稱
之為通天河流域──入西康境後稱金沙江。在通天河流域之西南，舉凡子楚
河、雜楚河、巴河、那穆河──各河匯流入西康，皆名瀾滄江。其匯流處即昌
都之所■囊謙族、蘇爾莽族等之所住，均可稱之為瀾滄江流域。

　　本省東部及北部即巴顏喀喇山之北，可分為黃河大通河、湟水、柴達木各
流域及環海地域。星宿海為黃河正源，初遊由西北向東南，至積石山，折向北
流，至大河境，復向東偏北流，至民和縣，入甘肅省境。舉凡本省中部及東南、
正東■部，均為黃河之所經。民和、循化、化隆、同仁、貴德、共和等六縣及
星宿海一帶地方，均可稱為黃河流域。

　　本省東北部，在甘肅省，屬武威、張掖、酒泉各縣之南，有人通河。河在
八寶山發源，經景陽嶺，東南流，經亹源縣、大通縣境，至民和縣屬享堂，匯
於湟水，此一帶地區可稱為大通河流域。

　　在大通河迤南地區為湟水所灌溉。湟水發源於群科灘順祁連山脈之陰──
──祁連山由甘肅省酒泉縣南入省境。山勢由西北蜿蜒向東南，在化隆縣壩渡黃
河，入甘肅臨夏縣──河州又名導河──為本省東北部主山。東南流，經扎馬
隆束流，經湟源、西寧、互助、樂都、民和各縣，在享堂與大通河匯。又東流，
至川口，入於黃河。凡湟水之所經，可稱之為湟水流域，俗名西河，古稱湟中
或銀湟〔註8〕。

〔註8〕銀湟：又作「銀潢」，古代即天河、銀河。後借指「湟水」。語出《舊唐書》卷一
　　　百一十六《列傳》第六十六《肅宗代宗諸子》彭王僅傳：「銀潢毓慶，璿萼分輝。」
　　　「潢」，本義為積水池。《左傳・隱公三年》：「潢污行潦之水，可薦於鬼神。」
　　　孔穎達正義引服虔曰：「畜小水謂之潢，水不流謂之污。」後借字為「湟」，音
　　　義互通。《大戴禮記・夏小正》七月：「湟潦生蘋。湟，下處也，有湟然後有潦，
　　　有潦而後有蘋草也。」是其證。北宋釋契嵩《鐔津文集・感遇（九首）》其二：
　　　「銀湟月為波，萬頃即池沼。秋來宮殿光，逗落人間曉。」此為「銀湟」一詞
　　　之始。北宋蘇軾《和文與可洋川園池・天漢臺》：「漾水東流舊見經，銀潢左界
　　　上通靈。」北宋秦觀《淮海居士長短句・南歌子（三之一）》：「玉漏迢迢盡，銀
　　　潢淡淡橫。夢回宿酒未全醒，已被鄰雞催起怕天明。」此處「銀潢」俱指銀河，
　　　音義與「銀湟」同。清代青海詩人楊福增有詩：「青海捕番多舊績，銀湟獲盜著
　　　新勞。酒泉萬里慈谿路，剩有悲風起怒濤。」（《西寧府續志》卷之十《志餘》）
　　　此為借指「湟水」之始。後清末民初政治家、詩人黎丹為馬闔臣祠（今西寧香
　　　水園）撰七言聯：「銀湟千載懷德威，玉樹萬里定海疆。」（事見馬鶴天《甘青
　　　藏邊區考察記》第二編五《留居西寧》二十二日。據青海文史學者靳育德先生

青海為一死海，在西寧、湟源之西，距西寧約二百四十里，位於本省東北部。祁連山、布哈山環繞四周，形成溢地。海之四周，有小河數十道注入此溢地，為一肥美大平原。由西北向東南，縱長約二千里，此一帶地區可稱為環海地域。

海西布哈河所經，亦可稱為布哈河流域。在布哈山以西，位於本省北部，直達西境，與新疆省接壤之一帶，內含西北部之沮洳地，均為柴達木河——分大柴達、小柴達——所灌溉，可稱為柴達木河流域。

茲以上之說明，以漢、回、蒙、藏、撒拉、土人之次序，據現在各民族在本省境內之分布情形及其職業、人口、信仰各項分述於次。

（一）漢族〔二〕

漢人在青海者，多隨歷代政治軍事勢力而西移佔籍。其原籍多為南京、湖南、四川、甘肅等省。亦有前往經商因而佔籍者，其原籍多為山西、北平、天津、陝西等省。其以手工、墾牧等職業前往佔籍者，多為四川、甘肅、寧夏等處貧民。現以該省政府所製統計漢族人口約有二百餘萬，占青海省全人口總和百分之七十五弱，住居於本省東部及東北部黃河、大通（河）、湟水各流域之西寧、湟源、大通、亹（音門）源、樂都、互助、民和、循化、化隆、貴德、共和、同仁等十二縣。其職業小部充各級公務員、各學校教職員及軍警、公役及自由工人，其大部職業亦有營手工業及商業者。惟因過去政治關係，各種職業人員毫無組織，並缺訓練，工農生活至為窮苦，本身及其子弟，均少求學機會，在都市之工商及服公役者，大部染有煙癖及各種不良習慣。女子纏足之風仍未稍殺。多數信仰黃教，亦有少數信仰天主、耶穌及回教者。

（二）回族

青海回族與新疆纏頭各回有別，與甘肅省內及各省居住者大略相同。其所操語言、所用文字純為國語、漢文。惟所讀經典，則為亞刺伯文字。所謂「漢回」——回人漢化——是也。亦有漢人信仰回教者，則可謂之回教徒。在青海境內者，散居於本省境內黃河、大通、湟水各流域之西寧、湟源、共和、同仁、

回憶：「前些年在化隆杏花節上，一位姓沙的書法家曾將黎丹對聯寫出，裝裱後懸掛於會場上。」然不知黎氏原聯尚存世否？若存，或在青海省民俗博物館。）均其證。另靳育德先生認為，過去有以金、銀形容地方富足的，如「金張掖，銀武威」，蘭州過去稱「金城」，整個湟水流域古稱「湟中」，屬甘肅省管轄，或有「金蘭州，銀湟中」之美譽，簡稱「銀湟」。然遍閱近代西北文獻，並未見「銀湟中」之說，當非此義。聊備一說，附記於此。

循化、化隆、貴德、樂都、民和、互助、大通、亹源。大部業農。在都市者，則營商業。近來，壯年男子頗喜入伍當兵。歷來與漢人通婚，惟只娶不嫁。其人篤信教義，墨守教規，煙酒嗜好尤為屬禁。但獎勵生殖，不禁多妻。其居住所在，類皆以清真寺為中心，聚族而住。以教義為公私道德標準，以宗教組織為社會基礎，注重躬行實踐。男子■皆壯健篤實，女子地位次於男子。因風尚習慣多與漢人不同，故感情每多撲格。

近來，馬麟、馬步芳等鑒於過去回漢衝突添劇，知畛域不除，終非民族國家之幸，乃有回教文化促進會之組織。青年學子受其陶鎔，或者可望於漸進之中，收得若干效果。其人口數目約三十餘萬，占青海全人口總和百分之十二強。

（三）蒙古

蒙族全部分為五部（和碩特部，綽羅斯部，輝特部，土爾扈特部，哈爾哈部）二十八旗外，有不屬於五部之一旗——察汗諾門汗旗，即俗稱白佛旗——共計二十九旗。各旗名稱如附表一。其中，二十旗分為左右兩翼，現名左右兩盟，居環海地域及柴達木河流域一帶。另有四旗居於黃河之南，稱為河南四旗。均業牧畜，逐水草而轉徙。人口約有五六萬，占青海人口總和百分之二。全部除柴達木五旗為清初福康安、海蘭察所部留此駐牧外，餘均受藏族同化，信仰黃教。日常所操言語，於蒙古語內混有番語——藏語——番藏語——在青海境內所用公文，漢藏兩文即可通行。迷信最深，純為原始狀態及生■。■悍雄武之感消磨殆盡。貴族好虛榮、重儀式，平民則自安貧苦，不思進展。

（四）藏族

自稱番族，其所操語言於西藏拉薩扎什倫布寺所用者微有差別。其居於環海地域之四部。其本省南部之通天河及瀾滄江兩流域者，有玉樹二十五旗。在玉樹東北住近黃河南岸者，有果洛六族。果洛現為一女王所統制，純為野番，尚有六部吃生肉者。其人以盜劫為榮，性殘忍，好鬥爭。民國十四年前，叛掠附近部落，馬麟用兵剿辦，始行平靖，並奉行省政府令。住於環海地域者，有剛咱、汪什代克、千木錄、阿里克等八族。居於黃河、湟水、大通各流域各縣者，有西寧番、南番等數十族，統名近番。其族別及駐地見附件二。各族之中，與漢、回各族雜處者，雖仍蓄牧，但已略事耕種。近海剛咱等八族及果洛六族，均以游牧為生，住黑帳房——手工織牛毛粗線所成，逐水草而轉徙。玉樹二十五族住居於通天河流域——金沙江最上游者半耕半牧，其餘均全事游牧。本省

全藏族人口約二十餘萬，占青海全人口總合約百分之八。全部人民，不分男女，大都信仰黃教，其一部信仰紅教，或為巫師——黑教。一家所生男子二人，必一人出家為喇嘛；三子以二人為僧。在紅教，尚可與平民作同樣生活。在黃教，則禁止娶妻治產。故其族生殖、生產俱受莫大限制。惟其人，不分男女，體格俱甚強健，能耐寒苦。個性大都富於感情，輕生死，重然諾，好飲酒，崇武勇，似較在青海之蒙古人為活潑生動。

（五）撒拉

其體貌如土耳其人，姓回教，操波斯語，亦有通國語者，居於循化縣城。東西兩面分為八部，稱為八工。經營農業及小商務，壯年男子多充兵役。其人性敏，賦予藝術天才。在青海各寺院內之佛畫、壁畫和雕刻、塑像及以酥油造為五彩鰲山及樓閣佛像與各種花鳥猛獸之形者，多其手製。其來居青海之歷史，未得細考。其人口約三萬餘，產青海人口總和百分之一。

（六）土人

居於互助、大通二縣及民和縣南部。其血統與蒙古相近，所操語言為漢、藏、蒙古之混合語。服裝亦與蒙古近似。其人自述為李克用後裔，殊難考證，大約即羌人遺民——與本國南部苗瑤歷史類似。均務農業，極為窮苦。壯年男子，近來有服兵役者。其風俗習慣、禮教信仰等，多與漢人同化。人口約三四萬，占青海人口總和百分之一強。

青海蒙古二十九旗〔三〕

爵　位	何　翼	部■名	俗　稱	現任王公	備　考
親王	右	和碩特部前左翼首旗	默勒王	官保多吉	
	左	和碩特部西前旗	青海王	才拉什札布	
郡王	不屬左右翼	和碩特部前首旗	河南郡王	共葛化木卻大	
	右	和碩特部北右翼旗	宗貝子	索南年木哲	
	左	和碩特部北左翼右旗	可魯貝子	索南旺濟勒	現任左翼正盟長
	左	和碩特部西後旗	可可郡王	齊木棍旺扎勒拉卜旦	
	右	綽羅斯部南右翼頭旗	爾里克貝勒	林沁旺濟勒	現任右翼正盟長

貝勒	左	和碩特部西後旗	可可貝勒	他旺仁增	
	右	綽羅斯部北中旗	水峽貝子	扎細安木濟勒	現任右翼副盟長
鎮國公	右	輝特部南旗	端達哈公	巴瑪旺濟勒	
	右	和碩特部南右後旗	托毛公	（臺吉）索南羣派勒	
	左	和碩特部南左翼後旗	阿喀公	拉布旦	
	左	和碩特部北前旗	布哈公	索南扎喜	現任左翼副盟長
輔國公	右	土爾扈特部南中旗	永安札薩克	旺慶隆保	
	右	和碩特部西右翼後旗	巴隆札薩克	昂謙多爾吉	
	右	和碩特部西左翼後旗	宗札薩克	太木林羊桑太■	
	右	和碩特部西右翼前旗〔註9〕	默勒札薩克	雅■■■	
	右	和碩特部南左翼末旗〔註10〕	羣科札薩克	旦增	
	右	■■■部南右旗	哈爾哈札薩克	拉布旋木諾爾布	
	右	和碩特部東上旗	巴汗淖爾扎薩克	勒到日	
	左	和碩特部北左末旗	鹽池札薩克	索南木散格拉卜旦	
	左	和碩特部西左翼中旗	臺其乃爾扎薩克	德慶隆柱	
	左	土爾扈特部南後旗〔註11〕	角昂札薩克	多銳	
	左	土爾扈特部西旗	托里和扎薩克	仁慶諾洛	
	左	和碩特部南右翼末旗	足里蓋扎薩克	宮保加	
	左	和碩特部北右末旗	可魯札薩克	達細旦多布	

〔註 9〕和碩特部西右翼前旗：在今青海省海北藏族自治州祁連縣西南。
〔註 10〕和碩特部南左翼末旗：在今青海省海晏縣東北、大通回族自治縣西。
〔註 11〕土爾扈特部南後旗：旗府駐地在今青海省興海縣西北清溝河源一帶，後遷今
　　　青海省海晏縣西北、祁連縣東南。

不屬左右翼	和碩特部南左翼中旗	河南拉加扎薩克	索南到吉	
不屬左右翼	土爾扈特部南前旗	河南札薩克	葛藏旺濟勒	
不屬左右翼	和碩特部南右翼中旗	河南札薩克	策任他爾	
不屬左右翼	察汗諾們罕旗〔註12〕	白佛	羅藏■周	
附　記				

青海東部、南部藏族及近番各族與其首領名單

（一）環海八族

剛咱千戶	花卜增	娘霸
汪什代克千戶		化卜藏
千卜錄千戶		柴恒巴
阿里克千戶		尕浪安巷
都受千戶		巷勒
曲加千戶		塔若
公窪他代千戶		卓科
拉安千戶		日格

（二）近番

上郭密千戶	巷欠■
下郭密千戶	師登雲

以上兩部屬共和縣。

德扎十族昂鑕	官■才仁	卻戒
科才族千戶		
下山千戶	安拉加	

以上三部屬化隆縣。

〔註12〕察汗諾們罕旗：青海蒙古29旗之一，亦稱白佛旗。以藏民為主。原定牧地在
　　　黃河南德慶寺一帶。後人口繁衍，道光時一部分屬民移牧今青海省海晏縣。

隆務昂鎖	究邁（屬同仁縣）
旗合溝昂鎖	
邊都三溝總管	■巴尖錯

以上屬循化縣。

囊拉千戶	
加讓千戶	
多加千戶	
坎卜拉等六祖千戶	羅藏丹巴
魯倉千戶〔註13〕	
■車官人	
■■千戶	
■■丁戶	

以上屬貴德縣。

附記：玉樹二十五族及果洛六族，尚未調查完全，故未開列。

第四　青海省政治及經濟

　　青海省內有久種不同信仰、語言、風俗習慣之民族。其知識又極不相等。依該省現時之政治、經濟實在情形，得如下列之紀錄。

　　青海現時之政權捄〔註14〕於回、漢兩族之手。省政府主席馬麟為回人，以次各省委兼秘書長及民、教、財、建四廳長均為漢人，各縣縣長為回人者，現尚無之。省內僅有駐軍一師，尚有一師駐在甘肅境內。省委兼師長馬步芳以宗法及■進之關係，對省政府極為尊重，於行政、財政、司法各事不稍干預，於省內各項建設如學校、築路等事則盡力扶助——與甘肅及玉樹交通之汽車路暨縣道均為馬師兵工築成——故青海現時■令■為統一，其行政亦頗有效率。

　　關於民政部分者，現正盡力於新縣■■■■■■■■■實際情形，回族已經漢化，與現■政情不生扞格。撒拉、土人並■■■■■，於政治亦無確定見

〔註13〕魯倉千戶：分布在青海省海南藏族自治州貴南縣東南部。歷史上分上下兩部
　　　　分，上魯倉在今森多鄉，下魯倉在今塔秀鄉。
〔註14〕捄：舊同「操」。

解。惟蒙族現行之盟旗及藏族之世襲昂鎖、千百戶等制度，均為封建部落之遺規。不惟與國家████黨之主義、政策不同，應行徹底改革，即就具實際情形而論，其社會組織尚屬原始部落雛形，神權、政權無明顯之區分。視寺院為█高學府，喇嘛為人格典型，具一切糾紛██████████僧侶之一言。其生活為原始游牧及小農狀態。人畜疾病██████運輸全用家畜，衣皮█████████████████法代議之最高機關促進█████████████尤█絲毫未予錯意。政府稟承總理████████以及建省後應有之設施。自應於最近期內釐定宏觀以████。

　　青海政治█程，當清社坵壚以後，在青海之蒙藏旗族，依無政府之錯覺，受██者之愚弄，毫無顧忌殺掠邊民。民國二年，馬麒始奉命編制寧海軍鎮守寧海——西寧青海等處——連年分道用兵，剿撫並進，直至民國十四年，始告完全平靖。迄孫連仲主青之際，受甘肅回漢衝突之影響，各旗族對省府若即若離，回部則遠嫌避禍。直到孫部奉調離青，復又將政權移交馬氏。去年，西藏軍隊侵入青南，少數藏族又謀內應。幸而結古——玉樹中心——未被陷落，援兵收復蘇囊——大小蘇爾莽及囊謙——直趨春科████聯絡，軍勢大振，在省內之反動陰謀乃得潛移默化。目前，馬師█南兵力，戰守均屬優裕，果於此時隨政治軍事勢力之█████區設縣，自是順爾而易行。該省各政治、軍事當局█已在省務███定照。民政廳長王玉堂所計新設六縣，總計█呈請內政部███，並求中央政府予以相當██。職等█西寧████之人，呼圖克圖、盟長、札薩克、昂鎖、千百戶等對於各省委及軍事、黨務各當局均極恭順，無敢有越禮失儀、非█不情之言語、舉動。下於交際回頭之件，亦必先向政府請示，始敢實行。█於已設各縣內之藏族世襲千戶百戶等，一律由縣政府委任為縣屬區長或地方公務人員，均各毫無█沮，視為榮幸，樂於任事。即可知進行設縣新制，當屬██問題。新縣既成，一切應辦之事，始可循序漸進。對██省縣或外人之覬覦，自無可抵之際，亦無可籍之詞矣。

　　右設縣計劃，可謂在青海政治上為唯一重要問題，亦為保守██、團結民族、防杜外患、化除內憂之切實解法，與本會有莫大關係之計也。其他如省境內秩序良好，無盜匪劫掠重案。各族商旅往來███礙——蒙藏區域尚有竊盜械鬥、人命重案滋生——禁種大煙，尤為青海二十年來之榮譽成績——馬麒、馬麟均為回教徒，█守教規，無敢或逾。蒙、藏、撒拉、土人均絕對不吸鴉片。故只省內漢人通行販賣、吸食，受毒最為普遍。為民謠避壓制漢人之嫌，故只

禁種、不禁販賣吸食——關於一切物質建設，限於財政無大成績，只於築路、架橋及架設電話及無線電報尚有相當成就。

財政情形，則因民眾經濟無盛大基礎，故極形困窘，拠知全省收入，年只一百餘萬。以之支給軍政、教育各費，不敷甚鉅。公務人員只給小量生活費——省委月給八十元，秘書、科長月給七十五元，科員以次月給四十元、二十元不等——但已欠發十個月之久，內外上下均能相諒，尚無索薪、辭職等風潮發生。軍隊由官辦給養額給糧草，並每旬按名發給菜錢，官長有少數津貼，名為維持費，聞已欠三個月。被服、裝具頗為簡陋。官兵生活在未入伍前，本來極為簡單，故如此支絀，其紀律仍甚嚴厲。

民間經濟狀況，大概漢、回、撒拉、土人，其基礎均建築於小農業。其營商業者，以收買牛、羊皮毛及獸皮、藥材者為資本較大，但全為外省商人。年例在春夏之間，集於湟源、西寧，秋節前即將貨物收齊，運往蘭州，轉運南北各口岸或轉售洋商出口。其本省人，不過販售日常生活之用品，規模、資本均甚微弱。工業純為小手工所制物品，亦只限於日常生活之工具或用品，無大規模之工場及使用機械者。蒙藏人民■■以小農謀生者外，大部均事畜牧，間或遊獵野獸——虎、豹、狼、熊、■、猞猁等皮革及麝香、鹿茸——畜產以牛羊馬為主。蒙■■■■駝、牛皮、羊毛、羊皮、駝毛、馬匹等及獵獲品，均以秋時運至湟源、西寧等處，換取青稞——食糧主品——及其他用品或銀錢。海北尚有運送青鹽——產於青海東北之巴哈泊為天然池鹽，不加人工，只須■運——海魚——產於青海。只有駐牧青海北岸之剛咱族，於冬冰時鑿冰乂取，袋運至西寧出售。其他族及結冰前不取，並不用網罟——至湟源出售者。省政府之收入，即以田賦、統稅，產銷皮毛等■及煙酒消費等捐稅為主。

全省畜牧、農墾等生產事業，目前只以自給自足為標準。在交通未改進前，絕無大量生產之希望，亦無此必要。各族人民感受窮苦，政府無財力建設各項事業及促進文化。實則處在如此經濟環境中，自當得如此政治效果也。

至於蒙旗內之政治組織，每一旗即一個部落，旗內僅多清代所封王公、貝子、貝勒、將軍，世職只為榮銜，無補實際。必須管盟管旗為盟長札薩克者，始有政權管理一切行政事務。有備兵札薩克之職者，則只專管軍事，下設臺吉、章京等職，為事務人員，為掌旗內事務。

藏族以一族為一部落，以世襲千戶為行政首長，以百戶、官人為佐治人員，合數族置一昂鎖，分族治事，各不相謀。兩族官制職掌有案■■，自不贅述。

第五　青海省宗教及教育

　　在青海六種民族中，有佛、回兩大宗教。因宗教之長期涵濡，其影響及於現實之政治和經濟至為重要。尤以宗教教義、規律支配大部群眾之思想言論，影響於現實教育更大。回教為回族必本之教。漢人奉教，或為漢女嫁為回妻者，亦必嚴守其信仰和禁戒，實行五功，篤信教義，否則必受寺院或社會之嚴厲制裁。回人聚居之處，必聚財建立清真寺，選舉經典精熟、品行純潔之教徒為阿衡，名曰「學長」。男子達到能讀書識字之年齡，必按時到寺讀經聽講。女子在家時禮拜誦經——經為亞剌伯文，亦有譯為漢文者——尤以阿衡長老之口頭訓誡為極度珍貴，故其人思想、言動具有一定之典型，絕不能以一般學校教育擬其功效也。在青海之回族，自難例外。馬麟、馬步芳等仍必按時作功，到寺誦經，瞻禮聽講，可徵教規之嚴峻。馬氏近為化除狹隘民族意識起見，在西寧組織有青海回教文化促進會，各縣及大市立有分會。母會均以地方情形，創辦各級中、小及職業學校。招收各族學童，視其家境予以相當津貼或資助出省求學。其學校直轄於省教育廳，不受縣教育局之管轄。每日功課有讀經——《可蘭經》。據云，不讀經書，則回族子弟即不來入學——一堂。其餘，照部章規定實施。每個學校中必建一中山堂，中奉總理遺像，四壁滿貼遺教圖表，力倡雪國恥及民族團結、國家完整之學說。

　　佛教——喇嘛教——原盛行於印度、西藏。元時，宗喀巴誕生於■■口——現時之塔爾寺大金瓦殿——學法於西藏各大寺院，見當時所行紅教教義之晦塞、喇嘛之腐惡，發源闡明教義，改正規制，依法衣之色別創黃教於西藏，建立喇嘛不娶妻、不置產之禁約，推行青海及於蒙、疆。（以上■藏本宗喀巴傳）清時盡力提高尊禮活佛，遂成為蒙藏人民之普遍信仰。

　　漢人在青海省內，亦有多數奉行黃教者。但黃教經典，多係藏文，其陀羅尼——咒——亦係藏語，故於教義多不瞭解。大多數人惟因懺悔所行罪惡或求子求福及一切私利之欲所驅使後，為拜佛、布施、修法、念咒之行為。亦有以生計關係，投身寺院，為呼圖克圖之管家或服賤■及為寺院佃農者。土人情形大略相似。回族及撒拉人民無信佛教者。俗稱佛教為大教，回教為小教。

　　蒙藏人民之信仰黃教，至為虔誠，其勞苦一年之收穫，於其自給納稅外，其大部則以最敬之禮——五體投地的跪拜——布施於寺院。■死■■，其家屬即以其遺物贈送於為之臨終祈福之喇嘛。一家所生之男，子為喇嘛時，其家屬亦須時時送物供給。男子於出家■，即與納稅當兵及一切謀生勞動之事務，並可坐受

他人的供養。故青海蒙藏男子大部■入寺院為具。小部在家者，則又不事生產，
■■■■■■■■■惟到戰時充當鬥士或於秋季入■■■其牧畜生產一切■■■
均由女子服勞。群視呼圖克圖為勝者——堪布喇嘛——■■僧侶——為（乙正）
■人以寺院為最高學府。以誦經■■■■■■■■學校。出僧侶外，亦無學人。
在昔，青海■■■■■■■■為深入其■■取之蒙藏子弟，■■■■■■■
■之蒙藏文化促進會及藏文研究社■■■■■■■蒙藏人員加入為會員及手
書漢人研究藏文者。■■■■■■■呼圖克圖在青海立有一蒙藏小學，■計
■■■，計劃於該呼圖克圖所管之寺院，內設四個蒙藏小學。先成立蒙藏第一小
學於廣惠寺，已■受寺院旗族之非難、譏笑。大通縣政府暨教育局又未爭持清理
基金。委用校長教■■■其餘三個小學，■即無形停滯。省教育廳亦未在省立、
縣立各級學校內，為蒙藏子弟■■入學途徑，各旗族之盟長、札薩克、千戶、呼
圖克圖等，亦毫無使蒙藏子弟不為喇嘛，接受教育之動機，且極端反對學校教
育。其用心，自以禁錮民智之謬見，為■■■■■■■■不寒而慄。

　　附：青海省內著名寺院及其所在地名單一件。

　　　青海省內著名呼圖克圖及其所在寺院名單一件。

青海著名寺院名稱及所在地

塔爾寺	在西寧縣西南
廣惠寺	在大通縣
曲卜藏寺〔註15〕	在　　　〔四〕縣
佑寧寺	在互助縣東
瞿曇寺	在樂都縣
夏群寺	在化隆縣
德扎寺	仝上
尕楞寺	在循化縣
邊都寺	仝上
隆務寺	在同仁縣

〔註15〕曲卜藏寺：位於今青海省海東市循化撒拉族自治縣尕楞藏族鄉曲卜藏村。《循
　　　化志》作「下隆務寺」，在下隆務寨曲卜藏莊。原名亦稱「勒吾桑珠代丹」，意
　　　為「勒吾如意具樂寺」。故址位於循化縣城西偏南 24.5 公里處，在今尕楞鄉西
　　　北 9 公里的曲卜藏村西北約 2 公里的勒吾村，由第二世德合蓋活佛阿旺根敦
　　　丹增所建。《青海記》載，當時有僧 113 人。解放初，該寺從勒吾遷至曲卜藏
　　　村西偏南 1 公里處。1967 年拆毀，1982 年併入比塘寺，稱「央吉寺」。

德慶寺	在貴德縣
古哇寺	仝上
工巴寺	仝上
拉加寺	在湟源縣
洞闊寺	仝上〔五〕

青海著名喇嘛及所在寺院

阿嘉呼圖克圖	塔爾寺
噶勒丹錫埒圖呼圖克圖	德慶寺
敏珠爾呼圖克圖	廣惠寺
土觀呼圖克圖	佑寧寺
洞闊爾呼圖克圖	洞闊寺
拉科呼圖克圖（年幼）	現住廣惠寺
納木喀呼圖克圖	寺〔六〕
松布呼圖克圖	佑寧寺
沙里瓦呼圖克圖	廣惠寺
察罕諾們汗	德慶寺
曲卜莊呼圖克圖	卻藏寺
賽什多呼圖克圖	塔爾寺
興灑班抵達〔註16〕	拉加寺
夏日佛	隆務寺
夏瑪爾佛	德扎寺
古哇佛	古哇寺
夏群堪布	夏群寺
下卜尕爾佛（紅教首領）	〔七〕
古朗倉佛	南宗寺

〔註16〕興灑班抵達：即青海拉加寺寺主香薩活佛，又稱香薩阿切。相傳香薩阿切為宗喀巴的母親，故昇華為香薩活佛（阿媽佛）。曾三次任塔爾寺法臺。乾隆58年（1793年）果洛瑪沁縣拉加寺的創建者阿柔格西活佛將拉加寺授權於香薩二世羅桑達結嘉措。自此，歷世香薩活佛成為拉加寺寺主。清光緒年間，拉加寺與朝廷取得聯繫後，曾冊封第十三世香薩活佛為「香薩班智達」名號，至十四世香仍繼承這一封號，國民政府授予香薩活佛「普濟法師」稱號。

第六　結論

　　青海為一廣大肥沃之地區，久為大部國人所忽視——地下寶藏未得查考
——神祕龐雜，洪荒未啟，人口極稀——每二方里可得三人，——生產無力，
思想知識極為暗弱——番婦有不識雞卵者——一切文化期待輸入，政治規模，
初由封建轉向郡縣；為政時期，有軍政轉向訓政；尤須漸次毀滅神權，民族感
情漸趨融洽，而狹隘之意識未除，尚有待於同文共化。苟撫字〔註17〕之無方，
或威力有凌替，仍慮分道背馳，鬩牆肇釁。況且鄰疆——新疆、西藏——已為
外力所侵。其宗教血統，又均歷有關係。一旦叩關問鼎，得毋危難交乘，早圖
補苴，急為曲突徙薪〔註18〕之計。幸無俟焦頭爛額者，為上賓矣。謹以需要作
為建議。

　　1. 應確定治理蒙藏方針。扶導青海省政府並充實其力量，使其能遂行〔註19〕其建置新縣計劃。

　　2. 積極完成隴海鐵路。務求於最短時期內得延展至於蘭州，更以國家力
量補助青海省政，發展地方交通，希與蘭州接軌，籍以建立開發西北之基礎。

　　3. 目前應慎選治邊人才。凡身體健全、無惡疾嗜好、能忍苦耐勞、抵抗
寒冷、個性誠厚篤實、操守廉潔貞固之各項專門人才，發往甘肅省試用；漸次
轉入青海學習藏語，深入蒙藏區服務。

　　4. 提倡蒙藏教育。先獎勵各呼圖克圖就各寺院建立小學——不須冠蒙藏
字樣——注意於漢語、漢文之完成畢業後，酌量其才力、家境編入省立、縣立
各級學校，再為修業。各游牧地教育以寺院為中心，各農村以鄉鎮為中心。能
普設小學，始能有蒙藏教育可言；有教育，始可云同文共化。並獎勵青海各級
政府勵行社會教育，於電影、戲劇尤應普遍實行。目前，應於青海境內設立一

〔註17〕撫字：出自《後漢書・列女傳・陳文矩妻》：「四子以母非所生，憎毀日積，而
　　　　穆姜慈愛溫仁，撫字益隆，衣食資供皆兼倍所生。」原義為撫養。後謂對百姓
　　　　的安撫體恤。

〔註18〕曲突徙薪：出自東漢・班固《漢書・霍光傳》：「客有過主人者，見其灶直突，
　　　　傍有積薪。客謂主人：『更為曲突，遠徙其薪；不者，且有火患。』主人嘿然
　　　　不應。俄而，家果失火，鄰里共救之，幸而得息。於是殺牛置酒，謝其鄰人，
　　　　灼爛者在於上行，余各以功次坐，而不錄言曲突者。人謂主人曰：『鄉使聽客
　　　　之言，不費牛酒，終亡火患。今論功而請賓，曲突徙薪亡恩澤，焦頭爛額為上
　　　　客耶？』主人乃寤而請之。」原義是把煙囪改建成彎的，把灶旁的柴草搬走。
　　　　比喻事先採取措施，才能防止災禍。

〔註19〕遂行：順適地進行。

特種學校（或定名為邊務學院），徵集各項專門人材，學習藏語、藏文暨研究有關編邊各事項，並養成蒙藏教育之師資，其學格、學校無定，尤不分族籍，藉以養成實用人材。

5. 充實邊防武力。外省各項軍隊，於語言風俗習慣多不明了，尤恐其不能耐如此寒苦。為救急目前需要計，可酌量補充馬師軍火、餉項，並慎選官佐前往服務。

6. 於進行移殖屯墾時，應極端注意土地問題。無使蒙藏人民滅其生計與發生反感。

【校勘】

〔一〕此處原本漫漶不清。按尚季芳《民國時期祭祀青海湖研究》一文（見《中國邊疆史地研究》2021 年第 3 期）引有「此種典禮，雖脫神權時代之色彩，實含有重大之政治意義，不可忽視」一句，出自佐仁《青海的祭海考》（見《海澤》1935 年第 26 期，又見《西陲宣化使公署月刊》1936 年第 4～5 期）。

〔二〕標題「漢族」二字原本無，校者據下文例補。

〔三〕標題「二」字後原本不清，今據上文補全。

〔四〕原文闕。曲卜藏寺位於循化縣（今青海省海東市循化撒拉族自治縣尕楞鄉西北 9 公里的曲卜藏村）。

〔五〕原本脫此二字，按上文體例補。

〔六〕「寺」字前原文闕。

〔七〕原文闕。

敬告青海同胞書

戴傳賢

敬禮青海省諸位同胞、伯叔、兄弟、姊妹！

傳賢此次訪問青海，因時間迫促，不能久住，並不能遍訪各地，問詢各位同胞，十分抱歉。但是俗話說：「一回生，二回熟。」已有此次訪問之緣，今後自易時常來往。敬將傳賢對於青海地方之感想、希望，簡單奉告，請各位同胞諒察之。

青海地方，向來稱為番族所居，語言文字、風俗習慣，均與內地不同。人家都以為漢、番民族，迥然各別，絕非一家宗親可比。後來移居的蒙古人，也認為又另為一種，和漢族、番族絕無關係。這種見解根本錯誤。要知世界自有人類至今，經過幾十萬年；有人類的文明發生，也在萬年以前。今天所大家知道的歷史，不過幾千年。今天中國裏面的五大民族以及各個小族，原來都是一個種族。只因所住的地方不同，遷移的時代各異，於是有語言文字的差別。至於宗教的各別，這更是近兩三千年當中各處所生的聖人因時、因地而立的教化。和人種同不同更沒多大的關係。

論其道理來，不但我們國內各族原是一家，尤其青海地方的同胞，更是我們老房的兄弟，老家的親戚。你們看一看地形，就知道青海是一個極大的高原。現在貫通中國全部的兩道大河——北面的黃河、南面的長江，都是由青海地方流了出來。幾條大的山脈，也是由青海方面的高山分支出來〔一〕。由此可以知道，我們今天住在黃河、長江下游低平地方的漢人，是在幾千一萬年前順著地勢、跟著河流搬家出去的。四五千年來漢族的文化高、地方好，就譬如一家之中，有一房人出門在外，靠著天時、地利、人和發了財，添了丁，成了大族，

再又發福發貴，成了名門；而老家的人，地方苦寒的原故，依然丁財兩弱，過了幾百千年仍和古代一樣。當這樣情形之下，應該怎樣呢？從前的人不明白這個道理，所以常常鬧笑話，把老家的人看作外人；見老家窮苦〔二〕、人們不發達，不曉得幫忙，倒反取笑。現在我們明白了，明明看大家臉上是一個顏色，身材是一般高大；又看清楚山脈水源，知道我們發祥之地，不在別處，就在這青海高原。所以，自自然然發出一個親愛、尊敬的心。見了青海本地的人，認得是我們老房的弟兄、老家的親戚；知道應該〔三〕有福同享、有難同當；知道應該幫助老家，改換門庭，發展家務。所以，傳賢此次來青海的感想，不是出遠門，乃是回老家；不是見外人，乃是探親戚、看兄弟。

再有我們現在的國家制度，不是以前的君主專制，是中華民國開國大總統孫中山先生所創造的民有、民享、民治的三民主義的〔四〕國家。且莫說原是老房本家親戚是外人，凡在中華民國裏面做國民的，也都應該要相親相愛，同心同德。要知道今天的世界中，除了我們一致團結、通力合作，更沒有自力自存、自富自強的希望。

孫先生告訴我們兩句起死回生的話，就是：「恢復固有的道德智慧，迎頭趕上科學的文化。」各位兄弟、姊妹們！你們看看天上的飛機，天尚且飛得上去，何事不可〔五〕成就？中央的同志們天天盼望著各位的進步發展，如同自己愛自己、望自己一樣。祝你們國恩家慶！人壽年豐！百福駢增！千祥雲集！牛羊茁壯！五穀豐登！五族敦睦！同登大有！

中華民國二十三年四月吉日
國民政府考試院院長戴傳賢敬告

戴傳賢來青訪問時為馬步芳題寫之條幅

現存於馬步芳公館，校者攝

戴傳賢來青訪問時為塔爾寺題寫之匾額

現存於塔爾寺

【校勘】

〔一〕青圖藏抄本脫此句。

〔二〕青圖藏抄本作「穹苦」，誤。按印本應為「窮苦」。

〔三〕青圖藏抄本脫此二字。

〔四〕青圖藏抄本脫「的」。

〔五〕青圖藏本作「能」。

青海調查報告

馬凌甫

《青海調查報告》目次

自序

　　西北各省為我國文化發源地。山林寶藏、金屬礦產、煤炭、石油之類，與夫草豐土沃，宜耕宜牧之區。動植產物足供興辦輕重工業需要者，品最繁，量亦最富。自倭寇內犯，我國民政府，以抗戰建國詔海內。於是後方開發資源與前方抵禦侵略，已如車之雙輪、鳥之二翼，不容稍加軒輊於其間。有識之士，旰宵時局，蓋未有不以建設西北為今日當務之急者。顧策劃進行，必先要精確調查，而後可依照實際狀況，妥為設計，不至以空言貽譏。前天水行營主任醴陵程公於軍務之暇，洞燭及此，特電準委員長蔣在西北農學院邀請農田、水利、森林、畜牧各專家，組織西北實業調查團，於二十八年八月由西安出發，經蘭州、西寧兩省會，先赴青海，分組調查。歷時三月餘，往返千餘里，對地方政況、民情禮俗、地質土壤、氣候物宜，均曾作詳密之考察。凌甫奉檄領隊，忝

預斯役。一■■■■■，日與各專家學者，跋涉於沙磧荒原、崇山疊嶂間，搜奇探異，爭以有所創獲為榮。雖病餘孱軀，飲饌失宜，起居無次，亦未或稍感其苦也。事竣返命，各團員均就所獲材料撰為報告書，作有計劃之陳述。其政制因革、經濟組織之所宜，文化推進、民俗改善之所急，以及實業建設之本末先後。凡為各專家所未論列者，則以見聞一得之愚，改著於斯編。繕冊呈報後，本擬總集全體報告書，芟汰重複，略加比次，匯為一冊；適行營奉命結束，事遂中止。邇以各方知好，多見索閱，抄繕分錄，日不暇給，爰付手民〔註1〕排印，以備省覽，且期就正有道〔註2〕焉。

民國二十九年六月郃陽馬凌甫自序於長安東郭莘莊。

報告

竊凌甫奉命陪同西北農學院諸教授調查西北實業，範圍涉及陝、甘、寧、青四省。其調查事項，則注重於農田、水利、森林、畜牧。當在西安出發之初，同人等磋商調查路線，僉〔註3〕謂青海為長江、大河之源地，而又高踞崑崙之原，自不乏水利、森林，可資考究；其人民復以畜牧為主要生業，更適合於此次調查之目的。乃決定先赴青海。到青海後為調查便利計，分為東、西兩路。西路以畜牧、墾殖為主，由湟源、都蘭，經過柴達木盆地，直趨敦煌，轉道甘、涼，循西蘭公路返陝；東路以森林、水利為主，先赴亹源、互助、大通、樂都、民和等縣，再轉貴德、共和、化隆、循化，經甘肅之夏河、臨夏、臨洮、天水回西安。雖途次因人事關係，間或略有變更，然需時已在兩月以上；非惟寧夏為時所限未能前往，即陝甘地方，亦多未能深入各縣詳加考察。故茲所報告者，惟青海一省。偶或涉及他處，亦不過東鱗西爪，率爾敷陳。所有調查事項，除關於科學技術方面，由各教授就其考察所及研■結果另行■報外，謹先就青海一般狀況約略言之。

一、青海之特殊性

青海地面遼闊，人口稀少。其面積約四分之三，屬於游牧區域；人口約四

〔註1〕手民：指雕板排字工人。清胡丹鳳《重刊〈呂東萊先生文集〉序》：「時余方搜求遺籍，擇其文之足以載道者，付諸手民。」
〔註2〕就正有道：向有學問和有道德的人請求指正。《論語·學而》：「就有道而正焉。」
〔註3〕僉：都。

分之一，屬於游牧民族。而人種、宗教，極其複雜，且各自有其語言、風習；社會組織亦因生活方式不同而形成種種相異之狀態。茲就人種宗教言之。

（一）人種

青海土著本為羌人，係西藏族。漢時黃河上游區域，完全為其休養生息之所。其族派別甚多，有先零、党項等名目。迄於魏晉，吐谷渾以東胡族度隴而西，據青海全部為己有，是青海為外力侵佔之第一次。迨吐谷渾為唐所滅，而吐蕃（屬羌戎別派）在西藏勢力強盛，卒並西藏、青海、河湟、松潘等地而囊括之，是為羌戎最盛時期。宋時又復衰弱。西夏繼之而起，奄有青海、新疆、甘肅、寧夏一帶地方，首都即建於現在之寧夏。其人種雖非常之混雜，然其始祖實出於党項，部眾仍多為藏人。歷時約二百餘年，為蒙古成吉思汗所滅。而元代並未移民於青海。及有明末葉，元世祖弟哈布圖哈薩爾十世孫顧實汗之裔，率部由西北來，是為和碩特部。蒙族侵入青海，以此為嚆矢。而青海蒙族，後分五部。除和碩特之外，則有（一）綽羅斯部、（二）土爾扈特部、（三）輝特部、（四）喀爾喀部。此外尚有獨立部曰綦汁諾蒙汗。各部合計二十九族，其名稱及駐牧地如左。

（甲）和碩特部　原分二十一旗。自清嘉慶年間，因南左翼次旗襲爵無
人，遂將該旗裁撤，故現為二十旗。

（1）西前旗，駐牧察汗淖爾（鹽池附近），俗稱青海王。

（2）西後旗，駐牧鹽池附近俗稱可可郡王。

（3）東上旗，駐牧羣科灘，俗稱巴汗淖札薩克。

（4）西右翼中旗，駐牧臺其乃爾，俗稱臺其乃札薩克。

（5）西右翼前旗，駐牧大通縣屬之永安，俗稱默勒札薩克。

（6）西右翼後旗，駐牧柴達木巴隆，俗稱巴隆札薩克。

（7）西左翼後旗，駐牧柴達木毛此胡，俗稱宗札薩克。

（8）南左翼後旗，駐牧羣科灘，俗稱阿喀公。

（9）南右翼後旗，駐牧羣科灘，俗稱托毛公。

（10）南右翼中旗，駐牧黃河南岸（貴德縣屬），俗稱黃河南札薩克。

（11）南左翼中旗，駐牧黃河南，俗稱河南札薩克。

（12）南左翼末旗，駐牧羣科灘，俗稱羣科札薩克。

（13）南右翼末旗，駐牧羣科灘（烏蘭淖爾），俗稱足里蓋札薩克。

（14）北右翼旗，駐牧羣科灘（湟源縣扎藏寺），俗稱宗貝子。

（15）北左翼旗，駐牧柴達木塞石塘，俗稱可魯可貝子。

（16）北前旗，駐牧永安，俗稱布哈公。

（17）北右末旗，駐牧庫爾魯古，俗稱可魯札薩克。

（18）北作末旗，駐牧鹽池附近，俗稱鹽池札薩克。

（19）前首旗，駐牧貴德縣屬之黃河南岸，俗稱河南郡王。

（20）前左翼首旗，駐牧大通縣屬之永安，俗稱默勒王。

（乙）綽羅斯部　係準噶爾族。凡二族。

（1）南右翼頭旗，駐牧青海東南沿岸，俗稱爾里克貝勒。

（2）北中旗，駐牧永安水峽，俗稱水峽貝子。

（丙）土爾扈特部　係元臣翁罕苗裔，明末時游牧於青海。凡四旗。

（1）南中旗，駐牧永安，俗稱永安札薩克。

（2）西□旗，駐牧永安托里和，俗稱托里和札薩克。

（3）南前旗，駐牧黃河南，俗稱河南札薩克。

（4）南後旗，駐牧永安，俗稱角昂札薩克。

（丁）輝特部　係卓里克圖和碩齊之裔。凡一旗。

（1）南□旗，駐牧共和縣恰卜恰，俗稱端達哈公。

（戊）喀爾喀部　係元太祖第十七世孫鄂特歡諾彥次子多爾濟巧喇布旦
　　　　　　　伊勒登因避噶爾丹之亂，游牧於青海。凡一旗。

（1）南右旗，駐牧大通縣永安，俗稱哈爾哈札薩克。

（己）察汗諾門罕部　清順治時，西藏大喇嘛齊邁嘉木錯來青闡揚黃教，
　　　　　　　　　番眾服從，為七世呼畢勒汗。康熙四十四年，第八
　　　　　　　　　世羅錐嘉木錯入覲，詔封「察汗諾門罕」。雍正三
　　　　　　　　　年，授札薩克。察汗諾門罕係蒙古語，即白法王之
　　　　　　　　　意，故俗呼為「白佛」云。

　　青海、西藏之間，番族本極龐雜，自蒙族侵入青海，番人均遠徙於黃河以
南，以河流為天然界限。清代雍正年間平定青海，設青海辦事大臣，駐節西寧，
對蒙族以旗制管轄，對番人則設土司統治。番族可紀者凡七十九族。三十九族
據西藏邊境，處青海者計四十族。因分合無常，不時變動，今可紀者凡二十五
族。所有各族名稱及駐牧地如左。

（1）囊謙，駐牧地橫跨雜曲、鄂穆曲二河。

（2）扎武，駐牧於通天河南。

（3）拉達，駐牧地同上。

（4）布慶，駐牧地同上。

（5）拉休，駐牧地橫跨子曲河東南。

（6）迭達，駐牧地大都在通天河以南。

（7）固察，駐牧地在通天河東北岸。

（8）稱多，駐牧地在通天河東岸。

（9）安沖，駐牧地在通天河西南岸。

（10）蘇爾莽，駐牧地在子曲河下流。

（11）蘇魯克，駐牧地在鄂穆曲河以南。

（12）蒙古爾津，駐牧於咱曲河流域。

（13）永夏，駐牧地同上。

（14）竹節，駐牧地同上。

（15）格吉麥馬，駐牧於雜曲及子曲河上游。

（16）格古班馬，駐牧地同上。

（17）格吉得馬，駐牧地同上。

（18）中壩麥馬，駐牧於鄂穆曲及阿雲當木雲之上流。

（19）中壩班馬，駐牧地同上。

（20）中壩得馬，駐牧地同上。

（21）玉樹將賽，駐牧於通天河上游。

（22）玉樹總舉，駐牧地同上。

（23）玉樹戎摸，駐牧地同上。

（24）玉樹鴉拉，駐牧地同上。

（25）娘磋，駐牧地北瀕星宿海，南至通天河。

以上二十五族中，玉樹四族地當入藏孔道。玉樹土司，當代表各族辦理支應，故在公牘上率稱「玉樹等二十五族」。相沿既久，遂通呼「玉樹二十五族」。

玉樹二十五族之外，其與漢、回雜居者，果洛有五大族，即（一）娃西色多族、（二）阿郡日摸族、（三）仁親顯木族、（四）汪干得巴族、（五）可可馬族。其下尚有十七小族，均游牧於黃河南北各處。環海有八大族，即（一）剛察族、（二）千不里族、（三）都秀族、（四）拉安族、（五）汪什代克族、（六）阿里克族、（七）公窪他代族、（八）曲曲加族。此外最著名者，貴德則有魯藏族、東車族、昂拉族等，同仁則有熱貢十二族，循化則有邊都族、尕楞族、卑

塘族等，共和則有郭密九族，化隆則有上什族、下六族等，亹源則有仙密族、新順族等。

上述蒙藏兩族均以游牧為業。在未設省以前，所謂青海者，完全為其游牧區域。自十八年，劃甘肅西寧道屬於青海，而建立新省區，青海遂成漢、蒙、回、藏雜居之地，兼以土著之番人，錯綜分布於其間。各族所住地區，界限已不十分清楚。第就大體言之，漢、回約占全青面積四分之一，而其數九十餘萬，當占人口四分之三，然均以耕稼為生，間或有事畜牧，亦不過為其副業，故其生活狀況、社會風氣與內地無甚出入。惟回教之中，族別亦多，有沙喇〔註4〕（土耳其族），有纏回〔註5〕（新疆族），有漢回〔註6〕。最近，又有由新疆徙來之哈薩約三四萬人，現彷徨於都蘭附近，究應如何安插，青省政府正在切實調查慎重考慮中。

（二）宗教

青海流行之宗教，曰回，曰佛。回教之中，漢回居多，故其風俗與內地同。佛教則為蒙、藏民族所信仰，其派別分紅、黃、白等；而黃教最盛，因青海為黃教始祖宗喀巴之產生地，西寧附近之塔爾寺即為其埋藏胞衣之所。該寺規模之大，僧徒之多，洵稱為黃教之祖庭。而一般游牧之眾，社會猶在圖騰時期，既非宗法組織，倫理觀念自然薄弱，其所賴以固結人心者，全恃宗教之威力，故寺院星羅碁布，大者可容僧徒數千，小者亦可數百。喇嘛社會上實佔有特殊優越地位，凡家有數子者，半數必為喇嘛，甚或家中只留其一，餘均送入寺院。寺院之喇嘛愈多，勢力愈大，其財產亦因人民樂於輸將〔註7〕，愈積而愈雄。寺院較大者，資產輒不可以數計，而佔地之廣，收租之多，言之殊堪驚人，所納賦稅則極微。寺僧挾勢牟利，甚於市儈。承種寺田者，雖受催科壓迫，亦皆

〔註4〕沙喇：即今撒拉族，漢文文獻又譯作「撒剌」、「撒剌兒」、「沙剌」、「沙剌簇」、「薩拉兒」、「撒拉爾」、「撒喇」等。分布於今青海省海東市循化撒拉族自治縣境內。有土耳其文著作《回族源流考》記載：「原住在撒拉克（今土庫曼斯坦境內）的尕勒莽和阿哈莽兄弟二人，帶領本族一百七十戶，離開此地東行至西寧附近定居下來。」一說來自土耳其，一說來自撒馬爾罕（今烏茲別克斯坦境內）。

〔註5〕纏回：在歷史上，人們為了區分內地的回民與新疆地區的維族，一般把新疆的維族和來華的阿拉伯與波斯穆斯林稱之為「纏回」，即纏著頭巾的回教徒。

〔註6〕漢回：歷史上，一般把內地的回民稱之為「漢回」，所謂漢回就是信奉了伊斯蘭教的漢族。

〔註7〕輸將：運送，引申為捐獻，資助。

飲忍不敢發，其對寺院崇奉之篤，對活佛仰之深，有非普通意想所能料及者。如疾病不求醫藥，瘟疫不知預防，遇事惟知乞靈活佛，希望其消災免禍，甚至冰雹水旱，亦必資求喇嘛為之保險，其愚固已可哂。然此次在西寧與新由西康考察歸來之某教授談及西康民眾迷信宗教之■妄，較青〔註8〕海更有過之。夫信教自由，各國法律，皆有明文。況就其作用而言，宗教、道德、法律同有勸人向善、戒人為惡之力；不過，道德、宗教在勸誡人之心理，而法律則在制裁人之行為。宗教之勸誡，多設輪迴因果之說，以實證其善惡報施之理。其意在使人有所畏憚而不敢為惡。道德之教化，重在人格之修養。其旨在使人知所向往而樂於為善，其說雖各有不同，而於維持社會秩序，均具有相當力量。尤其在蒙昧時期，宗教之力為更大。矧佛家內典，博大精深，在東方文化史上實佔有重要地位。不事研究，何敢菲薄。惟信教而趨於迷妄，則宗教反為文明進步之阻力。際茲科學昌明時代，文化以科學爭高低，國家民族以科學爭強弱；外觀列強進步之猛，內顧吾族迷信之深，律以弱肉強食、優勝劣敗之理，竊為之懼。然救濟之道，厥惟教育。蓋教育有啟蒙之力量，同時更有同化之功用。此次行至互助，查悉該縣北部番民最多，因與漢族雜居日久，風俗習慣多已漢化，最近又因受強迫教育之影響。寺院僧徒，其數銳減，活佛無法傳授其衣缽，時向鄉間強派喇嘛，如拉夫徵兵者然。已就近建議青省政府設法禁止，此可為教育破除迷信之一例。又如青海省會，設有蒙藏學校。蒙藏各族親貴子弟，多肄業其中。畢業之後，每願在政府服務，如可可王、八寶王之子俗稱小王爺者，在校畢業，即充青海省府傳令兵，馬主席待之甚憂。彼等亦以日侍主席左右為榮幸，聞其他類此者尚多，是又見證教育力量之偉大也。

二、青海政治之主要設施

青海省政府自二十七年三月改組後，馬主席抱勇猛精進之精神，實行埋頭苦幹。當時為集中力量增強效率，乃擇定六項要政，懸為工作中心。而六項要政之中，關於禁煙部分，因歷任地方長官對此均為認真，如期肅清，不成問題。其他五項，如（一）編組保甲、（二）訓練壯丁、（三）築路、（四）造林、（五）推廣識字等，在省府辦理異常努力，故均著有相當成績。試分陳如左。

（一）編組保甲

編組保甲，本屬全國通行要政。然在青海則以民族龐雜、生活方式不同，

〔註8〕原作「清」，訛。今改。

全省各地未能同時一律舉辦。當其編組之始，特劃全省為七區，即：（甲）西寧、湟源、貴德三縣為第一區；（乙）民和、樂都二縣為第二區；（丙）同仁、循化、化隆三縣為第三區；（丁）亹源、互助、大通三縣為第四區；（戊）都蘭、共和二縣及大河壩為第五區；（己）玉樹、囊謙、稱多三縣為第六區；（庚）同德縣及果洛為第七區。就中一、二、三、四各區俱係農業區域，民智較開，故先行編查。凡十一縣，計共編三十八區、三百八十四鄉鎮、一千二百六十保、一萬二千二百七十九甲、一十四萬四千戶，人口總數九十三萬一千零七十六口。內中男四十七萬九千七百九十七口，女四十二萬三千一百六十口，寺廟人口八千一百七十口，壯丁一十八萬五千四百一十五名。至五、六、七各區，均係蒙藏游牧部落，逐水草而居，遷徙無定；又各自有其語言、風俗，戶口編查頗感困難。故特利用原有盟族千百戶組織，另訂青海省蒙藏游牧區域各縣、各設治局保甲編組辦法；並為使辦理人員明瞭各項編組法規、解決各項問題起見，最近召集蒙藏區域各縣長、各設治局長及保甲督導員，施以短期訓練。其推行步驟，因蒙藏民族素各信仰其活佛及千百戶，智識甚為簡單，為先使其瞭解保甲意義，擬特選通達蒙藏語言人士組織宣傳隊，會同各當地活佛、千百戶廣事宣傳，藉免誤會；另有各該區縣長、設治局長、黨部書記、長駐軍長官、蒙藏宗教政治各首領等組織各該縣、各該局保甲戶口編查委員會，辦理編組保甲、清查戶口等事宜。至蒙藏保甲與其他地方情形不同者：

（1）蒙藏民族帳居幕處，流動無定，且相距遙遠，不相連屬，與農業社會之築牆架屋避戶而居、聚集數十家以成村者，完全異致。故省府所定編組保甲辦法，在一、二、三、四各區，其組織系統為：

縣政府—區公所—鄉公所（或鎮公所）—（保長辦公所）村公所（或街公所）—甲長—戶長。

在五、六、七各區，關於蒙族各旗，規定戶口足一保以上者為區，由各該旗首領充任區長；不足一保者為保，由各該旗首領充任保長；但兩盟盟長均定為區長。關於藏族則因其現有之組織系統，無論戶數多寡，各千戶、各昂貨〔註9〕均定為區長，各百戶均定為保長，但各地戶數不足，一保或一區而不能併入他保或他區者，亦得設保長或區長為之治理。

（2）蒙藏民族，素謂騎射，跋山涉水，尤為特殊技能。若加以嚴密組織，施以軍事訓練，一旦有事，則馬匹可供軍用，壯丁可服兵役。不需餉糈，邊圉

〔註9〕貨：音 suǒ，同「貰」。

可固。嘗聞哥薩克兵以鐵騎號稱於世。哥之鐵騎勁旅，亦無難求之於蒙藏民族間也。

（二）訓練壯丁

青海省府對於訓練壯丁，因受白健生〔註10〕將軍前次蒞青之指示，特別認真。其精神亦多採廣西已行辦法，實施強迫軍訓。惟推行之初，將訓練壯丁工作進行於編組保甲之前，在事實上戶口未經編查，壯丁即無法統計。於是變更步驟，凡保甲辦竣地方，即施以壯丁訓練。其訓練辦法，規定第一期受訓年齡為十八歲至三十歲，第二期為三十一歲至四十歲，第三期為四十一歲至五十歲，第四期為以前三期因病或因事出外未受訓者，每期定為兩月。凡無受訓證者，無論籍貫何屬，即強迫其就地受訓，所以《壯丁受訓證》在青海不啻一種身份證明書。凡無受訓證者，寸步難行，故人民對於受訓，自不得不踴躍，且為取得受訓證，在受訓期間更不能不格外努力也。

自二十七年七月起至二十八年二月止，所有一、二、三、四各區壯丁，除情形特殊者外，均已次第訓練完畢，並將組織予以調整。即每一自治區之壯丁，編為國定之一總隊；總隊之下，設若干中隊。中隊多寡，以該區壯丁人數為增減，不設限制。每中隊分三區隊，每區隊分三組，每組壯丁二十六人。其各級隊長及組長，即以區鄉鎮長及保甲長等兼任。同時並另定壯丁幹部教育團組織規程，舉行幹部訓練，將區鄉鎮保甲長等一律施訓，以加強壯訓之基礎。再壯丁因年齡關係，變動無常。為徹底期竣其增減，特訪軍隊辦法，每年四季著由各縣司令部負責繕造壯丁花名清冊，據實呈報；並仿照黨員移入移出辦法，規定壯丁移入移出格式，每月由縣呈報一次。第五、六、七各區及一、二、三、四各區中一部分或因係游牧民族，或因宗教習俗不同，綏未徵訓之壯丁及去歲年僅十六今已及齡者，本年內均擬一律編訓。

（三）築路

青海地方山脈縱橫，築路工程較多困難，而財政支絀，籌措經費尤感棘

〔註10〕 白健生：即白崇禧（1893 年～1966 年），字健生，回族，廣西桂林市臨桂區
　　　　會仙鎮山尾人，中華民國陸軍一級上將，軍閥新桂系代表人物。北伐戰爭時，
　　　　率廣西軍隊攻至山海關。北伐成功後和蔣介石及其他地方勢力多次開戰。抗
　　　　日戰爭爆發後，二人動員廣西的軍隊抗擊日軍，合作指揮多場大戰，屢有勝
　　　　果。曾獲青天白日勳章、抗戰勝利勳章、英國巴士武士勳章等。抗日戰爭勝
　　　　利後，擔任中華民國國防部長。解放軍攻陷中國大陸後，退往臺灣，1966 年
　　　　逝於臺北。

手。然省府以苦幹精神，動員全體軍工，督促民扶，不避艱難，不慮險阻，建立築路計劃，逐步實行。現已修築成功者，有如下各線。

（子）**甘青公路寧享線**　此線為甘青公路之一段，由西寧經平安驛、樂都、老鴉地、享堂，以入甘肅。路長約一百二十四公里。

（丑）**寧玉公路寧大線**　此線為直通康藏之要道，由西寧達玉樹，長約兩千餘里。現只西寧至共和縣之大河壩一段，計長三百一十六公里，修築完成。

（寅）**寧臨公路線**　此線由西寧經平戎驛、扎巴、化隆，以達循化。現已展築至甘肅臨夏境。長約二百二十四公里。

（卯）**寧共線**　此線由西寧經湟源渡倒淌河，以達共和。長約二百六十里。

（辰）**寧互線**　此線由西寧渡湟水，以達互助。長約五十二公里。

（巳）**寧張公路寧亹線**　此線由西寧經大通越大阪山，以達亹源，約長一百八十餘里。

（午）**循貴線**　此線由循化查汗大寺起，經曲卜藏、宗武、占翚，至貴德。長共一百四十三公里。現正責成當地駐軍督飭兵夫，加緊修築，預計年內當可完成。

（未）**寧都公路線**　此線由西寧經湟源、察汗城，至都蘭。共長四百二十六公里。

（申）**寧貴線**　此線由西寧經上新莊、尕讓，以達貴德。計長一百三十八公里。

（酉）**循同線**　此線由循化經毛雨、保安，以達同仁。共長九十二公里。

（戌）**互大線**　由互助西行，達大通。共長五十六公里。

（亥）**民臨線**　由民和經官亭、大河家，以達甘肅臨夏。計長一百三十二公里。

以上各線，均已修築完成。其現正計劃與修者，則為：

（子）**寧玉公路大玉段**　此段由大河壩至玉樹，長約一千三百餘里。前以經費困難，中途停工。嗣由交通部撥發五萬元，然因食糧、工資及所需器材，價值均倍往昔，省府極望中央撥發矩款，期早完成。

（丑）**寧張線**　此線由西寧沿寧亹線至亹源，再經俄博以達甘肅之張掖。長約七百餘里，為甘青孔道。其間所經大阪山地勢險峻。前經中央

撥發經費十萬元，但因工程浩大，不敷尚鉅。省府現又呈請再撥十萬元，以竟全功。

（寅）**川青線** 此線為溝通川青公路。非僅便利甘、川、青三省交通，關係國防，亦至重大。省府已派員勘察。

擬定路線三支：

（甲）自西寧經化隆、循化、同仁，再西經札墨、玩家、同德、達參寺、不如哇、朵勒克、二臺、黃勝關、以達松潘。

（乙）自西寧至同仁後，經瓜什濟、甘家灘、桑可河、雙岔海，以達松潘。

（丙）由西寧至貴德越洮河、雙岔海，以達松潘。

以上三線，省府已電中央請示。如蒙允准，當就較便者修築一支，以利交通。

（卯）**都蘭至敦煌線** 西寧經都蘭至敦煌一段公路，關係國防交通，至為重要。除西寧至都蘭一段，計長四百二十六公里，業經修築完成外，其由都蘭至敦煌一段，共長八百二十餘公里。以路途窵遠，需費浩繁，尚未興修。省府現擬呈請中央，派員察勘，撥款修築。

（辰）**康青公路康玉線之青海段** 此次在西寧適遇交通部所派康青公路康玉段勘查隊由康定至玉樹勘察完畢，據該隊吳隊長談稱，康青路之在西康境者，中央擬先行修築，其在青海境即玉樹至青康交界之一段，擬俟康境開工後，即行籌措。惟青海轄境遼闊，人煙稀少，都蘭至敦煌線及此段公路所經地方，均係蒙藏民族游牧地區，不但人民居無定處，■工■■，都蘭、敦煌之間，且多廣大沙漠，即飲料供給亦成問題。故該路施工時，所需器材、食糧等項，必須由西寧購置轉運；至工人一項，或有內地雇用，或派兵工協助。尤應由中央主管機關與地方政府切實籌劃，通力合作，方克早日完工。

（四）造林

青海山脈綿亙，河流縱橫。在吾人心目中早認為最合理想之森林地帶，第就此次考察所及，除亹源等處之天然林及各大寺院附近之首樹林區，所過之山多係童禿〔註11〕，青石紅岩，嶙峋在望。往往經過重巒疊嶂，不見一株成材之木。推厥原因：

〔註11〕童禿：光禿。

（1）青海人口過少，且係游牧生活。服田力穡，尚且不講，遑言植樹。

（2）青海地勢高下不等，氣候寒燠不齊，峰巒過高，則植物為溫度所縣，難期成長。

（3）青海雖屬煤礦最富之區，然除大通樵漁堡及俄博城有少數小商用土法施行開採者，餘皆蘊藏未啟。一般所出燃料，蒙藏區域多用畜糞，其他則全恃木材。斧斤砍伐，既不以時，則雖有茂蔚之叢林，久則自成牛山之濯濯矣。

自全國植樹運動日趨積極，青海對於造林遂亦特加注意。惟歷年皆由各機關、法團、學校栽植，成績甚微。至民國二十六、七兩年改由兵工栽植，其力較大，總計各縣所造新林約有六十五萬餘株。迄二十八年，省府列造林於中心工作之內，實行全民總動員，並規定結合實際之辦法數項，認真推行，始大著成效。茲撮要縷述於左：

（甲）劃定林區　各縣城附近設縣林區，由縣長負責辦理；各區鄉設區鄉林區，由區長負責辦理；各學校附近設校林區，由校長負責辦理。

（乙）限定數目　二十年度預定全省栽植一百零八萬七千株。（1）西寧二十萬株；（2）互助二十萬株；（3）大通二十萬株；（4）樂都二十萬株；（5）民和十萬株；（6）湟源八萬株；（7）貴德五萬株；（8）循化二萬株；（9）化隆二萬株；（10）亹源一萬株；（11）共和五千株；（12）同仁二千株。

（丙）規定尺度　樹身高低以七尺五寸為度，距離以四尺為度，直徑須在二寸以上，栽深二尺，行列採梅花樁式，不得稍有參差。

各縣植樹成績，就此次考察所及，無不縱橫陳列，青蔥可愛。惟所植樹種盡屬楊柳，而楊為居多。其樹苗尤皆徵自民間，閭閻〔註12〕當感其勞苦，故省府於二十九年度暫停造林，俾資休息。但樹苗不加培育，造林事業終難發展，已就近建議省府對於培植苗圃，特加注意。因造林所最困難者，全在樹苗。若年年徙植楊柳，責成鄉民斫伐樹枝栽植，不惟影響已活之樹木，且楊柳雖易長成，用途未廣，而青海氣候土質，最適宜於松柏樺杉之屬。倘能以此類樹種培育成苗，移植成林，逐年增長，自足供國防建設之需。

（五）推廣識字

青省人民囿於宗教，智識閉塞，前已述及。此後開闢蒙昧，丕啟文明，端惟教育是賴。特百年樹人，造端宏大，非短期所能蕆事。值茲國難嚴重時期，對於掃除成年文盲暨救濟及齡失學兒童等項重要工作，尤應積極推行，以應時

〔註12〕閭閻：原指古代里巷內外的門，後泛指平民百姓。

代需要。該省府已於上年度列為六項中心工作之一，辦理頗為認真。茲將調查所及，略述於次。

（甲）屬行民眾補習教育

關於民眾補習教育，約可分為三點。

（1）推廣民眾識字運動　凡年長失學者，皆需受識字訓練。自上年度開始實施至年度終了舉行第一次畢業考試，及格者約四萬餘人。本年度普遍推行，預計幾個人數當在三十萬人以上。約可掃除全省文盲二分之一弱。

（2）增設民眾學校　全省共社民校七百六十四所。自十七歲以下至足歲之男女失學兒童，在可能範圍內，均令其入校讀書。每半年招生二次，每班額定五十名，預計本年下半年可掃除文盲七萬餘人。

（3）注重蒙藏區域，蒙藏區域情形特殊，文化灌輸尤多困難。此次規定責成各王公、千百戶等負責。凡各旗部所屬設有小學地域，對於蒙藏人民一律施以識字訓練，以收同文之效。

（乙）實施義務教育

青省學齡兒童共三十五萬人，已就學者三萬七千六百三十五人。曾受短期義教者一萬零五百六十二人，應受義教者為三十萬零一千八百零三人。省府訂定施教辦法，約有三點：

（1）擴充義務小學學額　計設短期義務小學一百十一校，自本年起每年招生二班。以一百二十人計，二年後可有一萬三千三百二十人畢業。

（2）各級學校附設義教班　全省中學八校，小學八百餘校，每校附設義教生二班。二年後可有四萬八千四百人畢業。

（3）建設民眾識字處　全省設民眾識字處一千七百八十四所，招收十足歲以上失學者，每處以五十人以上為限。各校教職員及中等學校高年級學生均為義務教師。其各地應設處數與受教人數分配如左：

省垣設三二一處，招生一九九四一人。

西寧設三六二處，招生三二七八二人。

互助設二一五處，招生一九四三五人。

樂都設二二零處，招生一九九五四人。

大通設二三四處，招生二一三六五人。

民和設一八七處，招生一六九四六人。

循化設三八處，招生三七二七人。

化隆設五九處，招生五五〇三人。

貴德設六三處，招生五七七三人。

湟源設一二七處，招生一一八一四人。

亹源設三六處，招生三七五一人。

同仁設二二處，招生二一六二人。

各處共可招收一十六萬三千一百一十五人，連同（1）（2）兩項，共計二十三萬五千七十七人，約占全省失學兒童百分之八十。

上述各項，本年度內已分別實施。主辦人員精神頗見振奮。由此邁進，不難於三數年內達到完全掃除文盲之目的。惟該省地處西陲，人材、物質均感缺乏，欲求長足進展，自不能不有待於中央補助與國內賢達之熱烈合作耳。

三、青海人民之主要生業

青海人民大都以農工商賈為生，而商賈為數較少；倚工為活者，亦非多數。約略計之，漢、回兩族仍以農耕為主業，蒙、藏民族則全係游牧生活，佔地最廣，出產亦最盛。所需外來貨物，以茶、布為大宗，其所恃以易取茶、布等物者，則為牲畜皮毛。故畜牧事業在青海實占生產之第一位，而畜牧之利言之亦其溥博。就牛羊而論，其肉可食，其皮可衣，其革可以造器■服。軍用皮件，所需尤廣。所剪之毛，為用更多。其骨可造肥料。其糞不惟為肥料中之天然部分，且以其濃臭可解瘴氣，炊飯可健脾胃，為蒙藏民族日常燃料之所必需。■周其身無一物不能致用，即無一物非國家富源。至駱駝、驢、馬等，尤均具引車致遠之力，大有裨於交通運輸。馬且為軍事上之要具，倘能加以提倡，促其改進，再將皮毛加工製造，則青海所產毛織、皮革不惟可供全國之用，在對外貿易上為吾國塞一極大漏卮，且可占吾國出口貨物之重要地位。惟就日下情形考察，青海畜牧事業缺點尚多。

（1）**對於牲畜品種不知選擇**　查青海畜牧事業，尚皆墨守舊習，非第對於管理飼養保育諸事，不知改良。即對種性優劣，亦惟純任自然，以致劣弱交配，病種遺傳，牲畜品種日趨劣化，繁殖率亦有銳減之傾向。

（2）**對於牲畜病疫不知防止**　蒙藏民族素崇迷信，人類患病尚且不求醫藥，何況牲畜。故每遇獸疫流行，死亡輒難勝計，而傾家蕩產者，項背相望，直接影響個人之生計，間接即足致社會經濟之衰頹。

（3）**對於牲畜飼料不知儲藏**　青海牧畜民族仍逐水草而居。其牧養生畜，

完全依賴天然繁殖之野芻，並不知培植牧草、儲蓄飼料為何事。夏秋之際，水足草豐，可驅羣畜於青氈綠蔭之區，享此優良環境之厚貺。然當冬至春初，草枯冰潔，大量牲畜輾轉棲息於霜天雪地，無障蔽設備以資保護。每因天時變遷之摧毀，外來野獸之侵襲，損失恒難數計，兼之飢寒交侵，日惟齧枯根衰草，以苟延其生命。一至春草發萌，以久經凍餓之饑腸，貪圖新生之嫩綠，往往吞食逾量，腹脹腸塞，因而致病致死，作無代價之犧牲者，每年亦不在少數。

以上三項，第就其最著者言之。至詳細情形，則不勝縷述。青海省政府對畜牧事業，最近雖擬有改進計劃，然為人力、物力所限，尚多未見實施。竊惟畜牧事業為青海人民經濟生活之重心，青海畜產乃西北精華所萃。中央五全大會，既有劃青海為畜牧區之議，則關於青海畜牧事業，應特別加以注意，謹就管見所及，略陳於左。

（甲）牲畜品種急應改良　畜產品質之良窳，純視牲畜種性之優劣。欲根本改革畜牧事業，首應改良牲畜品種，即利用科學方法，將牲畜品性及用途先為區別，嚴格限制病弱劣畜之交配。一面選擇優良土種牝畜，配合外國純種牡畜，五六代後即可凝聚極純之優點而固定其血液，是曰「貴化改良法」。惟外國種畜價值過昂，不易大量購買。此次在甘肅農業改進所見有荷蘭雄牛一頭，體格極偉大。考其來源，係中央以一萬元購此類牛五頭，置之農事試驗場，預備改良牛種。抗戰軍興，輾轉送至蘭州，途中因飼養管理不周，死亡其四；現所存者，只此「雞群」中之「獨鶴」。所費如彼，所獲如此。衡以經濟原則，殊嫌得不償失。而青海氣候，恐更不適於此項種畜之生存，故只可以少數作試驗。其普及辦法，惟有選擇優良之牝牡土種，實行所謂近親改良。較之以重資購買外國貴種，經濟或不至於虛糜也。

（乙）牲畜產量急應增殖　青海畜牧事業，關係吾國出口貿易。未有大量產品，難塞漏卮。然欲圖產量之充裕，須謀牲畜之繁殖。而青海牧民豢養牲畜，純任天然環境之支配。對於飼育管理素不講求，不惟有礙牲畜之健康，尤易致病疫之傳染。關於防疫治療，牧民諳此者更少。近年，西北防疫處在青設防治所於西寧、湟源、亹源、共和諸縣，治療牲畜病症，並調查牲畜疫病之種類及蔓延地區，設法遏制，頗著成效。惟該處防區有限，而防止病疫則為一般牧民共同之所急需，似應由中央寬籌防疫經費，責成西北防疫處協同青海省政府合力調查全青牲畜病疫，廣設防治所，充分購備藥物，並製造疫苗血清，以立永久普遍之計劃。能如此則牲畜繁殖率自必有突飛猛進之增長也。

（丙）畜產製造急應改造　畜牧事業為利最溥。然非對於畜產用科學方法加工製造，不足增益其價值。青海地處邊圍，畜產製造工業素不發達，影響畜產價值，至重且大。欲謀畜牧前途之進展，急應建立畜牧工業，以圖畜產之製造；而畜產品中，重要者曰肉、曰皮、曰毛。肉類不大儲藏，無法行遠。為推銷肉類食物，則罐頭製造為不可緩。至牛、羊、騾、馬之皮，尤非加工不能發揮其作用。歷年青海各地，雖不乏用手工製造靴、鞋、鞍、轡等件，以供地方民眾簡易生活之需，然鞣製方法，極其粗劣，僅可藉於自給，難期暢銷各處，毛織各物，亦復類是。故每年所產皮毛，大量皆為外人廉價購去，殊為可惜。中央倘能寬籌資本，廣設畜產製造工廠，集結人力財力，列青海畜牧工業為國營實業之一，青海畜產品之質量，確能在國際貿易上取得重要之地位。惟視國家如何經營耳！

（丁）產品運銷應謀統制　青海地處邊徼〔註13〕，交通梗塞，貨物轉運頗感困難。故物不能盡其用，貨不能暢其流，每年所產皮毛除少數由本省人民製造繩索、氈毯、毛布等物藉以自給外，大部則運往天津交易。自抗戰軍興，交通斷絕，輸出即為之停止。青海經濟素以皮毛產銷為重心，一旦土產皮毛無法外銷，而所需貨物其價復繼長增高，猛進無已。一般生計，均感艱窘。現由貿易委員會與地方政府合力經營，另覓路線，一面統制軍售，以期對外貿易發生力量，據此次調查所及。青海本年所產各種皮毛，悉歸青海省政府統制收買，運交貿易委員會；復由貿易委員會運至星星峽，經新疆轉運出售。目下各種貨價，亦均昂貴異常。然此不過一時之計，將來對於運銷事宜，能採合作辦法，由產商組織合作運銷機關受貿易委員會及地方政府之指導，則遇事不至失機，大利仍歸於民，或亦統制運銷之一道也。

畜牧事業之應行注意者，以上四項約略盡之矣。然欲期上述各項事務之實行，則應注意下列二事。

（一）培植畜牧人才，普及科學常識　對於畜牧人才之培養，應在西寧創辦一大規模之畜牧獸醫學校，並設分校於玉樹、都蘭，以宏造就。同時即以學校為中心，協同地方公務機關教育人員組織宣傳隊，利用牧民集市機會，講演畜牧科學方法，並不時舉行牲畜比賽，藉資鼓勵。

（二）設立標準牧場藉示模範　標準牧場，關係改良牧民畜牧技術，至為重大。青海省政府最近雖有設立示範牧場之擬議，然尚為建樹具體計劃。第聞

〔註13〕徼：音 jiào。

場址擬於下列二處：即（1）共和縣屬之大河壩，（2）亹源縣屬區實地勘察，擇其條件最適者酌量選定。愚意青海畜牧事業在西北為特殊生產，在國家為重要資源，似應由中央整個籌建青海畜牧事業之大計，厚集資力，專設機關，確立分年計劃，逐步實行，不惟為國家闢無盡之富源，其關係於國防建設為更大也。

四、青海一般物產之調查

青海為西北隩〔註14〕區，物資地力，蘊畜甚富。向因人口稀少，未能用科學方法為適量之啟發，以致利源久閟，貨棄於野，甚為可惜。茲值抗倭戰爭緊張之際，東南各省半遭淪陷，對此天然寶藏自應集中群策，訊圖開發，期於抗戰勝利聲中同時完成國防、經濟之建設。茲將調查所及分動、植、礦三項略述於後。

（甲）動物

動物可分野獸及家畜兩類。

（1）**野獸類** 青省山嶺重疊，野獸生息，種類繁多。其價值較貴、用途較廣者，有下列各種。

麝 產於柴達木、查哈噶順山、下郭密。其臍有香。有紅麝、蛇頭麝之品。

鹿 產於大雪山、阿木尼岡、阿牙爾巴勒山、柴達木、玉樹等處。其產品為鹿茸、鹿腎、鹿筋等。

狐 產於玉樹及柴達木等處。皮細者曰西狐，粗者曰草狐。

猞猁 產於玉樹、柴達木等處。毛細長，為灰褐色。毛根紅者為上。

豹 產於蘇爾莽、囊謙。皮有金錢、艾葉、花紋之分。

（2）**家畜類** 青海人民除西寧各屬外，尚多以游牧為業，故馬、牛、羊等家畜產量最豐，用途亦最廣。蒙藏民族之全部生活，幾盡恃於此。茲將其產地分述如下。

馬 俗稱西口馬。產於青海草厚者為佳，以下郭密馬最為良。

牛 分為犂牛、黃牛、犏牛。犂牛可載重；黃牛用於耕田；犏牛多力，用以轉運。至其產物，則為牛乳、牛油、牛骨髓、牛毛、牛筋等。

羊 羊分綿羊、山羊、蒙羊。綿羊、蒙羊毛肉均佳。山羊則繁殖力甚強。其毛可製氆帽、羢氈之類。其產物為羊毛、羊皮、羊筋、羊腸、山羊血等。

〔註14〕隩：音 ào。

駱駝　以柴達木產者為上選，次為拉安族。用於負重致遠，行之沙漠，極
為穩便。其產為駝毛、駝峯等。

動物產品數量價值銷地表

物　品	數　量	價　值	行銷地	備　考
羊毛	六〇〇〇〇〇斤	每百斤六〇‧〇〇元	天津、張家口	自抗戰軍興，交通多阻，百物價值均軼常軌。有時貴逾倍蓰，有時貶值過度，不克作為標準。此表乃就該省二十六年普通市價填列，特此注明。
駝毛	六五〇〇〇斤	一〇〇‧〇〇元	同上〔註15〕	
豬鬃	二五〇〇斤	一五〇‧〇〇元	天津、上海	
猞猁	五〇〇張	每張三〇‧〇〇元	同上	
水獺	三〇〇張	二五‧〇〇元	同上	
狐皮	三〇〇〇張	一六‧〇〇元	同上	
豹皮	三〇〇張	三〇‧〇〇元	同上	
沙狐皮	三〇〇〇張	六‧〇〇元	同上	
羊羔皮	二〇〇〇〇張	一二‧〇〇元	同上	
老羊皮	三〇〇〇〇張	〇‧五〇元	陝甘青	
羊腿子皮	一〇〇〇〇張	每百斤三〇‧〇〇元	天津	
牛皮	二〇〇〇張	每張一二‧〇〇元	甘青	
騾馬皮	二〇〇〇張	六‧〇〇元	同上	
狼皮	五〇〇張	一〇‧〇〇元	天津	
黃鼠皮	一六〇〇〇張	〇‧三〇元	同上	
騾馬	一三〇〇〇張	每頭一三〇‧〇〇元	甘青	
牛	一三〇〇〇隻	每隻二〇‧〇〇元	同上	
羊	二八〇〇〇〇隻	五‧〇〇元	同上	
豬	一二〇〇〇口	每口一三‧〇〇元	同上	
鹿茸	六〇〇斤	每斤四五‧〇〇元	北平、河南	
麝香	二八〇兩	每兩三〇‧〇〇元	同上	

（乙）植物

植物有分食糧、木材及藥材三種。

（1）**食糧類**　有麥、青稞、豌豆、蠶豆、蕎麥、燕麥、玉黍、胡麻等。

〔註15〕原表作「同右」，現統一改為「同上」，以便今人閱讀。下同。

（2）木材類　有松、樺、榆、柳等。

（3）藥材類　有大黃、枸杞、知母〔註16〕、草參、紅花、冬蟲草、甘草、雪蓮、藏青果〔註17〕等。

植物產品數量價值銷地表

物　品	數　量	價　值	行銷地	備　考
食糧	三九一四〇〇石	每石一四〇・〇〇元	本省	
木料	二六〇〇〇根	每根六・〇〇元	甘青	
清油	二九〇〇〇〇斤	每百斤四〇・〇〇元	同上	
大黃	一〇〇〇〇	五〇・〇〇元	陝西、河南	
甘草	二〇〇〇斤	二〇・〇〇元	陝西	

（丙）礦物

青省山脈綿亙，五金礦苗觸目皆是。茲舉起最重要者於下：

金　青海礦產，惟金最富。現用人工開採之區，僅亹源縣屬之八寶野牛溝一帶。他如化隆、樂都、貴德、都蘭、同德各屬，均有極旺盛之金苗，尚未開掘。惟採礦冶金非用科學技術、機械工程，難以發展。歷年以來，青海各處雖不乏土法採金之人，然器窳〔註18〕術劣，獲利者少。約計每年所出金額，不過四千兩之譜。中央資源委員會以抗戰時期，外匯需用現金正急，特派專家雇工開採，然以人地生疏，工資昂貴，亦未甚著成效。青省政府現擬擴大開採區域，增加人工，惟為資力所限，不易著手。中央對此似應急為籌集，或責成國家銀行籌墊資金，或專設開採機關負責籌辦，抑或由中央地方合力經營。要皆非切實樹立整個計劃，不能達生產建設之目的也。

〔註16〕知母：中藥名。是多年生草本植物，根狀莖，葉由基部叢生細長披針形，花莖自葉叢中長出，圓柱形直立，總狀花絮，成簇，生在頂部成穗狀；花粉紅色，淡紫色至白色；果實長橢圓形，內有多數黑色種子，花果期6～9月。抗旱抗寒能力強，乾旱少雨的荒山、荒漠、荒地中都能生長，是綠化山區和荒原的首選品種。

〔註17〕藏青果：中藥材名，別名西青果、西藏青果。本品為使君子科植物訶子的幼果。9～10月採收，經蒸煮後曬乾。功能主治為：治虛證白喉，喉炎，扁桃體炎，菌痢。《飲片新參》：「治陰虛白喉，殺蟲生津。」《高原中草藥治療手冊》：「清熱生津，解毒澀腸。治肺炎，痢疾，陰虛白喉。解烏頭毒。」

〔註18〕窳：音 yǔ，粗劣。

銀　經採出之區為噶順山、瑪尼嶺、降沖河、柴達木、郭密、貴德、可魯、大小柴旦。

銅　以紅銅為最富。產於木勒哈拉、香日德、可魯、大小柴旦，切吉以西三十里之蒙岡山。

鐵　產於西寧、郭密、阿木尼岡噶爾山、西柴達木、烏蘭代克山。西寧北山之鐵，明萬曆間設廠開採，每月一爐，約得生鐵三千斤，後以採法不良，早已封閉矣。

錫　產於臺吉乃爾、馬龍山溝一帶，惟產量甚微。

鉛　產於西柴達木、圖馬河、烏蘭代克山、科魯克、臺吉乃爾、保安鎮一帶。鉛質極優良。

五、建議及總結

此次在青調查，歷時約近兩月，關於政治、設施、地形、物產及民族、宗教等，以上均已約略述及。惟青海地位之重要，尤在關係國防之建設，而現行省、縣行政區劃仍多沿襲舊制，非迅速加以整理，難期因應適宜。至於建設事業，經緯萬端，所有調查研究設計經營，似均非特設機關，無由專其責成，亦非利用合作方式，不能使民眾自動參加各項組織。謹就此數事，分陳意見如次。

（一）關於地方建置者

青海之行政區域上，雖係邊遠省份，在地圖上實居全國之重心，內障隴關，外接新藏。值此國際關係複雜之時，無問邦交如何親睦，我之國防建設，在在均不容緩，尤以西北方面為最要。然欲鞏固西北國防，應先充實青海；而青海地面遼闊，就天然形勢上，可劃為三大區域：

（甲）東北之黃河上流為一區。

（乙）西北之柴達木河流域為一區。

（丙）巴顏喀喇山以南至通天河流域為一區。

甲區系舊日甘肅西寧道屬各縣，現編為一、二、三、四等區，居民多係漢、回，他族甚少。乙區系蒙旗駐牧之地，西部亦有漢、回。丙區內係藏族，在青海較有力量。目下青海省會，設於西寧，雖屬因勢乘便，地實處於東區。以一隅而控全局，自有鞭長莫及之感。查都蘭為蒙古二十五旗之中心，（蒙古共二十九旗，內有四旗駐牧拉卜楞，現改為夏河縣隸屬甘肅。）玉樹為藏民二十五

族之重鎮，與西寧在地理上為鼎足，在軍事上成犄角，關係異常重要。現雖■設縣治，劃定縣區，然就此次考察所及，深感都蘭、玉樹有建為特殊政治中心之必要，而蒙藏游牧之民，亦宜及早教以墾殖，變流動生活為固定，並逐漸改良其生計。茲就管見所及，謹擬辦法如左。

（1）都蘭、玉樹均設專員。以都蘭專員管轄西北區柴達木河流域，玉樹專員統制巴顏喀拉山以南至通天河流域。所有黨政軍一切事務，完全責成專員主持。同時再由中央寬籌經費，設立織毛、製革等廠，創辦畜牧農藝學校，以期樹立政治、經濟、文化之中心。一而責成地方政府，詳擬建設計劃，按程推進，分期課功。此兩重鎮倘能及早建設完成，青海經濟、文化始克樹立發展之基礎，西北國防庶可漸臻於鞏固。

（2）蒙藏民族因係游牧生活，居處常逐水草，遷徙無定，文化何由促進？查各國畜牧事業，均有固定牧場；而青海省會附近各縣亦皆墾牧並重。欲謀蒙藏各族文化之發達，必須變帳幕為房舍，使居處先有定所；然後按其自然環境與人事急需，或採農本牧末，或取牧本農副，均可漸變當前社會之組織，徐圖生計狀況之改善。其入手辦法，似應將各族放牧地區，一律改設縣制，在縣制附近，先劃墾區，以次及於區、鄉、村、鎮。疆界既定，則鄉、區皆公共之牧場，家家均有駐牧之田宅。一切國防建設，始能有所推進。惟現時最感困難者，全在人口問題，以大逾江蘇二倍之面積，僅有三十餘萬游牧之眾，往來流動於其間。在地理上計劃設治固甚易，在人事上則不免障礙之橫生。如最近籌備之三設治局：（1）興海設治局，即共和縣屬之大河壩，處寧玉公路之要衝；（2）通新設治局，即都蘭縣屬之可魯得令哈，位於本省西北，當庫倫赴藏之孔道；（3）祁連設治局，即亹源縣屬之八寶，物產豐饒，為全省冠。按其人口、財賦及地方各種狀況，且均感尚未達到設縣之程度，其他概可想見。不過，青海情形特殊，為充實國防計，似應特別樹立移實之計劃。若事事與內地視同一律，恐步驟迂緩，目前無以促進西北生產之建設，將來或有妨於國防之大計也。

（二）關於調查設計者

查青海蘊藏最富。西北建設萬端，非集結人才、物資，樹立整個計劃，難期發展。擬請由中央責成陝、甘、寧、青四省建設負責人員邀同西北農學院、工學院、技藝專科學校各專家，並聘請地方關心建設事業人士組織西北建設調查設計委員會，事事調查研究設計工作，時或創辦標準良圃、牧場或

工廠，以示模範。庶覺識力集中，趣向一致，西北國防建設之大計，或可期其迅速完成也。

（三）關於組織經營者

青海雖屬蘊藏最富之區，然開發亦非空言所能濟事，中央對於西北建設事業，似應特設專管機關，寬籌建設資本；並令各銀行對西北各項建設，儘量金融方面予以活動；或仿各國特別銀行辦法，設立西北建設銀行，俾專致力於西北國防建設事業，任重力專，收效自宏。蓋西北情形特殊，在經濟上有時與內地各處未能一律辦理。就法幣言，在青海游牧區域完全不能行使，彼此交易非使用現金，即以物易物。現在中國農民各銀行，雖在西寧設立辦事處，然非使一般民眾對法幣發生信念，則金融不宜流暢。似應對青海各地另製一種紙幣，而印國文及藏文，俾蒙藏各族先能瞭解其意義，逐漸推廣，久則自有成效可觀也。

（四）關於合作組織者

青省各項建設事業，除由專設機關協同地方政府負責辦理外，並須利用合作方式，促發人民自動參加，以宏功效。惟合作指導機關，若僅由政府派員主持，衡以他名前例，仍恐力猶難周。似應由陝、甘、寧、青四省政府督促各地素孚物望、具有合作學識經驗之人士，組設西北合作協會。先設青海辦事處於西寧，為推動青省合作組織之機關。其業務範圍，包括墾、牧及製革、織毛等各項手工業之創設改進等事項，俾俟全省各民族均得於合作制度之下，共同努力，達到地盡其利、人盡其力、物盡其用之目的。辦理著有成效，即可逐漸推及他省，以完成西北建設之使命。

總括以上所述，吾人對於青海深感：

（1）人口過少，疆圉〔註19〕空虛。應迅講孳生移殖之策，以實國防。

（2）蘊藏最豐，更適畜牧。應速籌開發改良之途，以闢富源。

關於繁殖人口，在在與一般人民的生計狀況、社會組織以及風俗皆尚攸關；而於衛生防疫概言之即保健行政關係更大，非用政治力量，確立人口政策，無效可求。至於移墾事業，在目前情勢之下，抗戰區域日益擴大，難民流離失所者日多，以之實邊，一舉兩善。青海省府對此亦早籌及，曾經派員分赴各蒙藏旗族游牧地帶，勘察適於難民移墾之地點。當覓定（一）查汗烏蘇、（二）

〔註19〕疆圉：邊疆；邊界。

大河壩夏塘一帶，計可容難民六千戶。每戶以五人計，約可移值三萬人。並詳擬移墾辦法，上呈中樞。然所需經費，最少在七百萬元以上。費重效微，難見實事。最大癥結，惟在交通。鐵道一日不至青境，移民實邊終屬徒託 [註20] 空言。現時所應研究者：

　　（１）人口不足之地方，是否能期生產的發達？

　　（２）生產事業之發達，是否可致人口之繁榮？

　　此中消息，試一翻馬爾薩斯之《人口論》與拉薩爾之《工資鐵律說》，其理已昭然若揭，只求有實事求是之政治，特殊致力於國防、經濟之建設，則生產與人口，自有日趨調和之傾向也。

　　就以上各項情形觀察，青海生產事業之最有希望而其利最溥，其效最速者，厥惟畜牧。若夫農田、水利，則寧夏地方河流縱橫，土質肥沃，開渠灌田，其條件遠優於西北各省。惟以道路窵遠，移民困難，雖經該省政府極力提倡，成效尚未大著。其在陝甘等處可施開墾者，就調查所及，一為黃龍山，一為馬欄鎮。黃龍墾區經營數年，已獲有有相當進展；馬欄情形特殊，具體計劃，尚難籌及。■此查陝甘交界之區，以陝西汧陽、麟游等縣為中心，不乏荒山曠野，土質純係黃壤，泉流可資灌溉。礦產有油、有煤，溝渠山坡亦宜畜牧。連同與鳳翔縣接壤之老君嶺、楊爺關以至隴縣東北邊境，甘肅靈臺縣屬之獨店鎮以及華亭東南邊境，均可劃入墾區。總其面積，較黃龍山為大，其開墾視馬欄鎮為易，且北通涇川、平涼，有西蘭公路繞其北；南通鳳翔、寶雞，有隴海鐵路經其南。西安至隴縣之公路，又復橫亙於其間，交通極為便利。民十八九年間，關輔奇荒，鳳、寶、岐、郿、扶、武農民之在此墾荒者，近四萬人，自獲豐衣足食，是可為該區域適於農墾之近證。本年七月間，陝西省參議會開會時，凌甫曾提有劃定汧陽、麟游等是為墾殖區域一案，當經諮請陝西省政府採擇實施。惟該區關係陝西、甘肅邊境，似非彼此協力不足以資發展。能由陝甘兩省合力主持，其為力富更大而獲效當更速也。謹將所擬辦法陳述於左。

　　（一）劃定陝西麟游、鳳翔、汧陽、隴縣毗連甘肅靈臺、華亭邊境之荒地為農墾區，以汧陽、麟游為中心。其管轄應照黎坪墾區，不受省界之限制。

〔註20〕託：《說文解字》：「託，寄也，從言，乇聲。」《玉篇》：「托，推也。」「託」、「托」原非一字，舊時用字，一般託之以言則用「託」，託之以事則用「托」。意雖同而其用則異。故「托」可作「託」，而「託」不可作「托」。今尊前人用字習慣，不作更改。

（二）該墾區先以容納三十萬以上之流亡難民為原則，並先分為畜牧、農墾兩部，由國家或地方政府從速計劃開發墾區內之自然利源。

（三）調查墾區內之木料、藥材、礦產、水利等重要事項，從速開發，並切實編組保甲，訓練墾區民眾，以期養成自衛力量，鞏固地方永久之安寧。

（四）從速完成鳳靈公路，以期北與西蘭公路之涇川、南與西鳳公路之鳳翔銜接一氣。此路在鳳翔境者，業經修築完成；麟游、靈臺兩縣境尚未興工。

（五）近聞陝西省政府對於此項提案，已籌定實施計劃，並擬將黃龍山墾區經費酌量移撥，已完成其開發初步。惟開墾事業為利最大，為用最繁，似應策動各方共同努力，以宏功效。

（六）墾區經濟組織，以合作制度為最善。應責成合作委員會迅速辦理農貸，成立各種合作社，以確立墾區經濟組織之中心。

至關於森林事業，概括言之，不外造林與採運兩事。甘青各處不乏造林之區，歷年以來均已陸續培植。惟採運一節，則以交通不便，轉輸至為困難，即使大量開採，亦難置諸有用之地。為應目前需要計，似應先擇交通較易改良之森林地區，集中力量從事開發，藉收事半功倍之效。查陝省終南、太白兩山所產樹木，多松、杉等類，年代悠久，質美量豐。漢唐兩朝建築長安時，建築木料皆就近取給於此。迄於宋明，且置採運尉丞巡檢諸官，專司其事。清乾隆年間，盩厔黑水口尚有木商二百餘家，每日專鏢運銀。至同光中，因迭遭廂匪白蓮教、太平之亂，始漸就衰落。民三白狼入陝，損失更鉅。重以十八年之奇荒，盜匪遍地，木商遂無存者。今僅餘其所留之龍王廟，即木商會館，為魯殿靈光。上年，芬茨爾博士曾主張開採該處森林，以供西北建築材料；並建議由西安沿終南修一鐵道，直達寶雞益門鎮。其主要目的，即在開採終南、太白林業。武功農校諸專家亦曾有是項建議，均未能見諸實行。天然美利，久棄於荒山曠野中，甚為可惜。茲值抗戰時期，外省木料來源漸絕，為充實建設材料及促進地方生產、增加抗戰資源計，急應籌資築路，設法開採。謹將所擬定辦法，陳述如左。

（一）劃定終南山、長白山森林采伐區。終南區以盩厔之黑水口為中心，長白山以鄜縣之齊家寨或斜峪關為中心，設立採運局所。

（二）先修築盩厔黑水口至林區（約六十公里）之山路，以能運輸大批木材出山為準，並修濬黑水口以內之河身，使木筏得以暢行至山口。（黑惠渠大壩）各採木公司，仍置原黑水口舊址。

（三）次修築郿縣齊家寨斜峪關至林區至山路，並在隴海路郿縣站設採運局所及本科公司，其管理權應與鳌屋統一隸屬，以一事權。

（四）林區採木，完全用機器鋸解。所採木料以能供製造鐵路枕木、農工器具及構築橋樑、房屋等項之用為準。在採取前，當預先估計數量、用途，施於物力上之統制。

（五）林區開採經費，應完全以地方力量為主，此種事業，應由省銀行出資，或利用本省建設公債。蓋初步工作，在修築山路，便利運輸，而森林之開採則不必需要巨大之資本。芬茨爾博士謂資金總額只需有數十萬元，即可開採。

（六）關於採取木材之設計調查，應請武功農學院專家負責協助，將來並指定此林區為該學院之工作實驗區，開辦後並籌設林區警察，以保安全。

二八・一二於天水行營參事室

舊民國雜誌中的馬淩甫傳及其肖影

視察青海調查報告

厚佑仁

高一涵呈

民國三十五年〔註1〕十二月十八日

　　案查本署於本年十一月派秘書厚佑仁前往青海省視察並調查該省一般情形，茲據該秘書視察完畢，呈齎視察報告前來，經核尚稱翔實。理合抄同原報告一件，具文呈報，仰祈鑒核。謹呈監察院院長于。

　　附呈原報告一件。

監察院甘肅寧夏青海監察區監察使　高一涵

抄呈原報告

　　案奉鈞署本年十一月八日訓字第 379 號訓令「茲派該秘書赴青海視察調查一般情形，仰即遵照前往視察具報為要。此令」等因遵即於十一月二十二日前往該省視察，十二月二日視察完畢反署，茲謹將視察該省一般情形，擇要分述如次：

甲、政治方面

　　查青海地方安定，秩序良好，人民得以安居樂業，實為最好現象。政治設

〔註 1〕民國三十五年：即 1946 年。

施方面，雖因地處邊荒，種種條件不夠，然亦能尊奉中央法令，因地制宜，逐步推行。茲將本年各項措施著有成效者略述之。

（一）縣、市、局行政單位之增設

查該省原有共和、都蘭、興海、玉樹、囊謙、稱多、同德、西寧、貴德、湟源、海晏、樂都、民和、化隆、循化、同仁、互助、大通、亹源等十九縣，通新、香德、和順、和興、祁連五設治局。本年六月間，籌備已久之西寧市政府正式成立，原有之西寧縣改為湟中縣，縣府移設據西寧市城五十華里之魯沙爾。市府組織，按照省轄市組織法之規定，內設秘書、會計、統計三室，民政、財政（建設併入財政）、教育（社會併入教育）三科及警察一局。總計該省現有十九個縣、一市、五設治局。最近該省以柴達木盆地東南部之察汗烏蘇，土地肥沃，物產豐富，不但在經濟上有開發之價值，即在軍事、政治上亦為柴達木盆地之一重鎮，將來對於鞏固邊防，維護青新公路，均極關重要，有積極開發之必要，已擬具設治計劃抱部核定矣。

（二）地方自治之實施

（1）辦理公職候選人檢核

該省辦理候選人檢核事宜，截至最近，經審核合格，已匯轉者計甲種為一千六百九十三人，乙種為四千九百零九人，由各機關銓敘合格人員中轉請認定者計為甲種二百一十人。

（2）成立保民大會及鄉鎮民代表會

該省各縣、市、局保民大會及鄉鎮民代表會，截止現在，已成立者計有西寧市、湟中縣、樂都縣、民和縣、互助縣、大通縣、化隆縣、循化縣、貴德縣、湟源縣、亹源縣、共和縣、海晏縣、玉樹縣、囊謙縣、稱多縣、興海縣、同仁縣、同德縣及祁連設治局，共計成立保民大會一千一百一十六處，鄉鎮民代表會二百五十七處，區民代表會五處。

（3）成立縣、市、局及省參議會

該省各縣、市、局參議會，截至本年九月，已成立西寧市、湟中、樂都、民和、大通、互助、化隆、循化、貴德、湟源、亹源、共和、海晏、玉樹、稱多、囊謙、都蘭、興海、同德、同仁等縣及祁連設治局共計二十一處，選出參議員三百七十三人。省參議會亦於卅四年十二月十日成立，參議員共為二十六名，議長馬文海，副議長馬文遠。

（4）禁政之厲行

查該省對於禁煙工作，自民國初年馬前主席麟厲行禁種以來，全省毒卉早已根絕。惟近年來間有不肖之徒向該省境內偷運雅片，該省迭經令飭各縣、市、局及各重要隘口地方駐軍，稅務機關嚴密查緝，杜絕偷運，並對各縣、市、局煙民詳細登記，調驗施戒，收效宏著。截止目前，該省全省共計登記煙民二百八十五人，內中煙癮已戒除者二百一十六人，其餘六十九人已在勒令施戒中。查該省人口總計一百三十八萬四千六百四十八人，若以全省煙民數字作為比例，實不及萬分之一，今後倘能繼續積極禁查，該省禁政工作可望在最短期間徹底完成。

乙、教育方面

查該省教育設施，因歷年積極改善，已日趨進步，本年內各種措施，尤能斟酌緩急，把握重心。茲略述之。

（一）劃一併提高中小學校教職員待遇

查該省省立各中等學校教職員待遇，雖經歷次提高，然未劃一規定，自本年元月份起特加調整，劃一規定。校長月薪為三百元，教務、訓育各主任以及專任教員每人月薪二百八十元，事務主任月薪二百二十九元，其他職員每人月薪二百元，所有加成及基本數均按中央規定按時發放。鐘點費〔一〕，高中及師範每小時為四百元，初中及簡易師範每小時為三百元。小學教職員待遇亦劃一規定，由地方籌發食糧，並每年由馬主席籌發夏季、冬季單棉制服。在青海生活程度比較低落之環境內，一般教職人員，因能享受較優質之待遇，故服務精神頗為高強。

（二）統一購發中小學教科書

查該省本年念拾小學經費困難，教科書多由師生抄寫，教學頗感不便，又念餘各中等學校班次增加，課本不敷分配，特由省府統籌向蘭州正中書局訂購固定本中學課本一萬三千五百八十本、小學課本九萬七千本，分發各校學生應用，因此各校在教學方面均感便利，獲益不少。

（三）整理及募捐國教基金

查該省原有教育基金，多未加以徹底整理，並且保管不固，逐年不免減少。近年來經派員分赴各縣徹底清理，並督導勸募國教基金，收效頗著。截止目

前，記該省各縣現有國教基金硬幣（即銀幣）八萬五千八百四十六元六角五分，國幣二百二十八萬零六百三十七元，校田一萬九千八百九十八畝七分六釐，小麥三萬三千六百卅八石八斗三升。所有此項基金，現均令各縣分別成立保管委員會專帳保管，以其生息作為各該校經常費用。如能運用得法，以後各校當可自給自足，不再向地方籌措經費矣。

丙、建設方面

查青海建設工作，成績卓著，如植樹造林、修築公路，各方早有好評，本年該省對於建設工作，更為努力，建樹尤多，茲略述之。

（一）植樹造林

查該省自民十八年以來，每年發動全省軍民及公教人員大量植樹造林，截止本年止，該省栽植各種樹木。其成活長大者，已有三千二百七十三萬七千一百四十三株。所有該省各公路二旁、湟水灘頭以及鄉村隙地、河濱、川谷均已遍栽樹株，綠蔭蓊鬱。育苗工作，除各縣、市政府均已闢培規模宏大之苗圃外，各中心學校、國民學校亦均每校闢培苗圃一處，普通育苗。故每年植樹大量採用，不感缺乏。保護灌溉工作，又極嚴密周到，故成活容易，不似他省之栽後而不管，聽其自生自滅，結果年年植樹而年年不見成活之樹木也。

（二）修築公路

查該省通甘肅、通西藏之甘青、青藏公路以及省會西寧通各縣之公路，均已於近年分別修築，現時在該省境內駛行汽車，暢通無阻。本年該省奉令興修青新公路，實為一最艱鉅之工作。查該路為由青海通新疆南部，銜接新疆公路之一國防要道，東起距西寧一百零四公里處之倒淌河，西止青新交界處之紅柳溝，路線全長一千二百三十二公里。該路先由第七區公路工程管理處及青海省政府會同派員組織查勘隊於本年四月廿八日出發查勘，經理各地多為向無人煙行旅之蠻荒地區，沮洳叢生，蚊蚋成羣，查勘人員備受辛勞；尤以在鐵木里克（俗民尒寺）哈民盤踞之區，因與哈民交涉假道劍拔弩張幾至兵戎相見，更為危險。至今查勘人員言及此事，尤為談虎色變。七月五日，查勘隊在新境紅柳溝口與南疆公路接線，完成任務。八月十五日，返抵西寧。該路經查勘後，即由工程處分段徵兵興修。五月二十二日，各段均先後開工。按照原定計劃，在本年內該路應完成一千公里。惟以甘青二省民工無照，築路機械未到，兼之

土地大部分為沮洳地，戈壁鹹灘遍布全線，運輸及感不便，水草更形缺乏，遂至千里外遠糧、百里外取水；盆地復多毒泉，惡草、巨蚊、飛蠅，員工深受擾害，牛馬日有死亡。以言氣候，又變化無常，勿風勿雪，時雨時晴，夏季氣候一日數變，差數最高竟達攝氏四十餘度。施工困難，可想而知。但全體員工率能披星戴月，沐風櫛雨，忍勞耐苦，履難克險，完成工作，殊難嘉尚。計在施工期間，自倒淌河至宗家一段，路基大部修築完竣，其艱鉅工程及不方地帶亦已打通；自宗家至奴吐勒一段完全打通，工程簡易處並已完成。總計本年修築路線長八百公里。查該路修築，因氣候及種種困難關係，每年施工期間僅有半年，而準備工作亦需要半年。現對該省已準備明年開工事項，計明年由西寧等縣市徵調兵民工九千名，於三四月間即可開工修築，該路全線工程明年內當可完成。民工待遇方面，至為優厚，每人除規定發給工資硬幣六十元外，並發給膳食及氈衣氈靴等服著，民工均樂願前往作工。

（三）興辦水利

查該省水利事業，自廿五年始該省即擬具計劃呈請行政院核辦，並將各縣歸有水渠加以調查整理。廿七年以後更積極籌劃，歷經擬具工程計劃及公款預算分請振濟委員會、水利委員會撥款興修。迨卅三年，成立該省水利灌溉工程處，專司該省水利事業之興辦。截至本年，該省已修、正修之渠已有：

1. 貴德之曲卜格河渠。長一百二十市丈，可灌田二千餘畝。係卅一年由行政院水利委員會撥款修築。

2. 興海之唐乃亥渠。長約七千華里，可灌田五千五百畝。自卅四年春由該省政府撥款開鑿，至本年始告完成。

3. 化隆之甘都鹽水溝渠。長約二里半。自卅三年興修，至本年完成，並已開地約三百畝，招租戶耕種。

4. 互助縣之曹家堡渠。長二十三公里，可灌田一萬三千畝。自卅三年四月以水利貸款開始修築，明年可全部完成。此渠為該省水利工程之最大者。

5. 貴德之魯倉灘渠。長二十五公里，可灌田約三萬餘畝。本年已開始興修。

此外，已測待修之渠甚多，將來如全部興修，該省水利事業即大為發展，人民生計定見手裕也。

（四）興辦西寧市自來水工程

查西寧市自來水工程已於本年九月中旬，由該省電請衛生署派顧問毛里

爾氏與工程司楊銘鼎經十二日之勘測設計草成初步計劃，現正進行各項準備工作，明春即可動工興修。將來此項工程完成，對於西寧市民之福利不淺也。

（五）其他建築工程

查該省歷年來對於省、縣政府分別督飭整修，以壯觀瞻。計卅一年建修大通縣政府，三十三年建修化隆縣政府，卅四年建修省政府、湟中縣政府，本年建修湟源、樂都、民和等縣政府。其餘各縣、局均計劃分別加以整修。本年該省又將中山醫院、衛生處均從新建修，並因蔣主席六旬誕辰特在省府西首興建中正堂一座，藉申擁戴之忱。上項建築均規模宏大，整齊壯觀。

總上所述，該省本年對於政治、教育、建設各方面之設施可見一般，尤以教育、建設方面之成績為特著。理合將視察情形具文呈報，仰乞鑒核。

謹呈監察使高。

職〔註2〕厚佑仁謹呈

卅五年十二月十三日

【校勘】

〔一〕費：抄本原作「弗」，「費」的二簡字，今改。

〔註 2〕職：同「職」。

青海視察報告

鄧春膏

監察院甘肅寧夏青海監察區監察使署呈

民國三十六年七月　　日

為呈報赴青海視察經過情形乞鑒核由
甲、地方自治實施情形
乙、農林、水利、工礦事業及公路建設情形
丙、教育
丁、田賦徵收情形
戊、稅捐徵收情形
己、司法辦理情形
庚、合作組織情形
辛、軍隊風紀及地方治安辦理情形
壬、宗教

為呈報赴青海視察經過情形乞鑒核由

　　竊春膏於本年六月九日由蘭州赴青海省視察，計歷民和、樂都、西寧以迄湟中等縣市，費〔一〕時十日。茲謹將視察及調查該省地方自治、農林、水利、工礦、公路、教育、田賦、稅捐、司法、合作、軍隊風紀、地方治安及宗教等

情形，分述於後。

甲、地方自治實施情形

　　青海省為完成地方自治，適應憲政實施計，年來積極建立各級民意機構，實施民選區鄉鎮保甲長，辦理公職候選人檢覈，整頓保甲，清查戶口，頗著成效。截止現在，該省所屬西寧、湟中、民和、大通、互助、化隆、循化、貴德、湟源、共和、海晏、玉樹、稱多、囊謙、都蘭、興海、同德、同仁、祁連等二十一縣市議會，均已成立，共有參議員三七三人。省參議會係三十五年十二月十日成立，共有參議員二十六人。全省戶口計有二○六‧三九○戶，一‧三五四‧五二二口。共成立保民大會一千一百一十八處，鄉鎮民代表會二百六十五處，區民代表會五處。各區鄉鎮保甲長，均由各該區民代表會、鄉鎮民代表會、保民大會、甲居民會議分別選出，當選證均已發訖。至公職候選人檢覈，經審查合格，業已匯轉者：計甲種為二千二百七十四人，乙種為七千四百三十二人。有各機關銓敘合格人員轉請認定者，共三百二十一人。

乙、農林、水利、工礦事業及公路建設情形

（一）農林

（1）造林

　　該省農田，旱地占十分之九，水地僅十分之一。旱地之收成，全視乎雨量之足否。且以該省地居西北高原，純屬大陸氣候，空氣乾燥，雨量稀少，十年九旱，民生疾苦；夏秋之間，猛雨時作，濯濯之童山，不能容納驟來之水分，往往發為山洪，沖毀禾稼，淹沒民舍，所受損失，恒無限量。該省府為避免上述之災害，於十八年建省之初，及注意提倡造林，所植樹株，年有增加。自二十七年以後，更轉積極，列為省政六大中心工作之一。歷年以來，該省軍民一致努力，造林成績，業已大著。截至本年六月，共計植樹四千零三萬八千一百六十六株，其中以去、今兩年所植為最多。三十五年，該省省政府為紀念抗戰勝利，曾在湟中北川之穆家灣，經互助之長寧堡，至大通之關門一段，利用兵工造林一千三百四十萬餘株，劃為特區，名曰「勝利林區」。該區樹木，利用大通河支流灌溉，水量充足，保護得力；所植樹木，以白楊居多，均已成活，蔚然一大森林也。本年度該省各縣市所植樹木，總計九百三十萬零一千一百二十一株，占歷年所植總數字四分之一強。

（2）農業

A. 墾荒

青海省政府自二十七年改組後，為求增加糧食生產，對於墾田積極推行，所有省境內未領墾而為公有之荒地，均由駐省國軍兵工開墾。至二十八年年終，各縣共闢荒地七萬五千五百九十畝。現民墾之地，由民眾自種；軍墾之地，亦均劃領人民耕種或撥作當地學校基金。惟查上項墾地，因地氣高寒，僅能成熟油菜、燕麥而已。

B. 設立農業改進所

該省面積約二百七十八萬八千七百七十方里，其中約十分之七為畜牧區，十分之三為農業區。農業、畜牧實為該省人民之生命線。但對技術方面，自昔以來，墨守成法，毫無改進，獸疾及植物病害無法防止。加之近十數年來，牛瘟流行，死亡慘重，天氣亢旱，頻年歉收，民生疾苦，達於極點。該省省政府有鑑於此，三十二年曾呈請中央設立獸醫防疫處，惜以經費不充，收效甚微。近又呈請設立青海省農業改進所，從事技術之研究改良，以發展畜牧與農業。

C. 設立柴達木墾務局

柴達木盆地，氣候溫和，土質肥沃，農牧均宜。尤其地勢險峻，在西北國防之意義上更為重要。三十一年，中央曾設立柴達木屯墾督辦公署，嗣因人事變遷，縮小組織，改為柴達木墾務局。繼因距離省會遼遠，經費有限，對於盆地之農牧，未克有充分之發展。自青新公路開闢以來，盆地之開發建設，益見重要，而不可遲疑。該省府曾呈請中央將原有之柴達木屯墾局擴大組織，充實內容，並移置盆地，專責其事。此事關係於西北國防及青新公路之養護，至為重大，實有迅速實施之必要。

（二）水利

（1）歷年舉辦之大型水利事業

A. 芳惠渠〔註1〕

此渠原名曹家堡渠，三十五年更今名。在互助縣南部，西寧市東三十五華

〔註1〕芳惠渠：原名曹家堡渠，位於今青海省海東市互助縣境內。1946年改為「芳惠渠」。「芳」即馬步芳，取馬氏惠澤之義。與紀年馬麒（字閣臣）而建的「閣公渠」都是解放前西寧周邊規模較大的水利工程，時稱為「青海最大水利工程」（《西北通訊》1947年第九期）。建有芳惠渠農場，由馬步芳家族官僚資本企業——湟中實業有限公司「代管」。1967年重修該渠並改名為和平渠。

里之湟水北岸。由韻家口起，經小峽高塞堡至泉水灣，全長二十六公里。該渠修成後，可灌田一萬三千市畝。除原有水田三千畝水沇不足者可以充分灌溉外，尚可灌荒地一萬市畝。三十三年，行政院水利委員會準以水利貸款辦理。此渠工程浩大，自三十三年四月開始動工修築土方，三十四年鑿修石方，三十五年修築渡漕、橋樑、涵洞、跌水等工程，業已引水出小峽。兵工平治新田三百畝，殖民耕種。今年春並實行兵工大量植樹，蔚為風景區。該區全部工程，定於今年底完成。

　　B. 貴德之魯倉灘渠

　　魯倉灘在前南屏設治局之東，可墾面積約二萬五千市畝，氣候溫和。該地人民自力草地一千〔二〕市畝，引塔修溝之水灌溉。三十五年，青海省政府曾派韓專員有祿縱灘之東頭開渠，引茫拉溝及卜江之水入灘。現正在修築中。俟此渠成功，該灘全部荒地均可變為膏腴之田。渠長三十五公里。

　　C. 貴德之曲卜格河渠

　　此渠在貴德縣之東南四十公里。貴德一、二、三鄉農田二千餘畝，原賴東溝河水灌溉，每逢亢旱，河水渴竭，田疇荒蕪。三十一年，青海省政府電請行政院水委會撥發工款。此渠修成，該地農田無復苦旱。

　　D. 興海之唐乃亥渠

　　此渠在大河壩東約七十里。原有荒地約四十六平方公里，自灘西一公里處開渠，引大河壩河水，可灌田四千五百畝。三十四年春，青省府撥款開鑿，以工程浩大，至三十五年秋始告成功。

　　E. 化隆之甘都鹽水溝渠

　　此渠在化隆縣屬〔三〕甘都之東灘，由鹽水溝起至加玉爾灘，長二公里半。自三十三年經黃河水利委員會第二測勘隊測勘後，即由青省府籌款並派員修築。於三十五年完成，並已開地約三百畝。

　　F. 西寧之楊家溝渠

　　此渠由西寧市西二十公里湟水南岸鎮海堡起，經小溝村、陰山堂、楊家寨等地，至西寧城西，長十六公里。引用湟水，可灌田二萬市畝，現已測竣。刻正由青省府籌款興修中。

　　（2）創辦水力發電廠

　　青海省政府於二十八年與經濟部資源委員會合辦柴油機發電廠於西寧。

嗣因機件舊壞，負荷不足，勢難持久，復商得資委會同意，在西寧城外北川上朝陽村利用黃河係湟水支流水力發電代替。於三十年一月二十二日，在該地設立工程處，開始測量興修電廠，設計發電六百匹馬力，第一期安裝三百匹馬力水輪發電機一部。同年十月，試車成功。至三十五年底，計所供電之點燈四千九百四十三盞，總容量一百四〇八九瓦，用戶五百三十八戶。後感於用戶增加未已，電力之供給有限，第二部水輪發電機之裝置，已甚迫切。於三十五年七月間，又向重慶、上海機器廠訂製法蘭西水輪機一部，現正運輸中。

（三）工業

該省工業，田受交通之限制，尚在手工業時期。二十七年青省政府改組後，力謀推進，又以抗戰關係機器來源斷絕，乃為因時因地制宜之計，積極提倡手工業。先自駐省部隊，次及學校學生，再至農村，現已普及於全省，毛衣、毛褲、手套、毛襪、褐子〔註2〕、毛毯等物，大部人民均能編製，尚稱美觀實用。此外，關於皮革、毛織、瓷器、造紙等等工業經積極提倡，現西寧、湟源等地均設有皮革、毛織、造紙廠，大通之香山、湟中之小峽有瓷器廠之創辦，出品質料，均尚適用。惟技術方面，尚歉〔四〕研究耳。

（四）礦產

該省礦產之蘊藏，據一般調查，極為豐富。已發現者，計有大通縣樵濕保、樂都縣東溝、共和縣尕把達連山、海北剛察及祁連設治局俄博之煤，湟源縣茶什浪、互助縣西石溝、化隆縣東溝之炭，茶卡柯柯、哈羌之鹽池，亹源、化隆、樂都、玉樹稱多、興海、同德、共和、柴達木等地之金，柴達木哈吉爾之硼砂，祁連、囊謙之硫黃，民和之煤油，貴德、循化、玉樹、湟源、都蘭之鉛，共和、柴達木、樂都等地之鐵，祁連、玉樹、柴達木、共和、化隆、玉樹〔五〕、都蘭之紅銅。只以工業未能有長足之進展，是以礦產亦未能作大量之開發，而專門人才之缺乏，經濟力量之薄弱，亦其主要原因。將來大量開採利用，實有賴於中央給與該省以各項之協助。

（五）公路

該省於民國十八年改進行省以來，對於交通始圖發展。二十七年，青省府

〔註 2〕褐子：褐子是一種在現代工業布匹出現之前北方游牧民族用來縫製衣物、裕褋、帳篷的手工粗布，具有良好的防水、避風、隔潮、耐曬、保溫的作用，是游牧民族重要的生活物資。

改組後，曾將修築公路列為六大中心工作之一，發動兵工、民工一致合作，不斷努力，十餘年來共完成幹線八條：

一曰甘青公路，即自西寧起至享堂，全路長一〇九公里。

二曰青藏公路，自西寧至玉樹，計八二七公里。

三曰寧臨公路，自西寧至臨夏，計二四四公里。

四曰寧張公路，自西寧至張掖，計四五・二公里。

五曰青新公路，自西寧至紅柳溝口，計一三五六公里。（係三十五年開始修築，本年內可完成。）

六曰寧貴公路，自西寧至貴德，計一三八公里。

七曰省魯公路，自西寧至魯沙爾，計二三公里。

八曰西互公路，自西寧至互助，計五二公里。

支線七條：

一曰黑上支路，自黑嘴子之〔上〕〔六〕五莊，計二七公路。

二曰循同支路，自循化至同仁，計九二公里。

三曰互大支路，自互助至大通，計五六公里。

四曰民臨公〔七〕路，自民和至甘肅屬之臨夏，計一三二公里。

五曰貴循支路，自貴德至循化，計一四三公里。

六曰湟海支路，自湟源至海晏，計四五公里。

七曰包大公路，自大通至包科，即二六公里。

除八條幹線、七條支線外，另修成環城公路一條，長八公里，構成全省交通網。其中尤以青藏、青新二路之修築，雖經中央撥助工款，但工程浩大，國難萬端，幸賴該省軍民合作，辛勤服務，卒以如期完成，對於西北國防之貢獻，至為偉大，而所犧牲之人力、財力、物力，亦不可勝計，其功績實不可磨滅。再寧張公路之石頭磊橋，為該路最大之橋樑，亦為大通燃料輸省必由之道。三十五年，山洪大發，全部沖毀，本年度重新改建的拱永久式橋樑計用工程費四億五千餘萬元，為該省本年度造橋工程之最大者。

丙、教育

青海在抗戰時期，無論人力物力，均由最大之貢獻。以其地處後方，不曾直接遭遇敵人戰火之摧殘，故各種庶政均能照常推行，該省年來對教育一事，尤盡最大之努力，茲將其辦理情形，分述於後。

（一）中等教育

該省中等教育，計劃分為五個示範區，六個中學區。

師範第一區包括西寧、共和、湟源、貴德等四縣，設有省立西寧師範及女子師範與湟源簡易師範學校。第二區包括樂都、民和二縣，設有省立民和及樂都簡易師範學校。第三區包括化隆、循化、同仁、同德等四縣，設有省立化隆師範及簡易師範學校。第四區包括互助、大通、亹源等三縣，設有省立大通簡易師範。第五區包括玉樹、都蘭、囊謙、興海、稱多五縣，設有省立簡易師範學校。

馬步芳之子、時任整編
第 82 師中將師長馬繼援贈省立互助簡易師範學校圖書

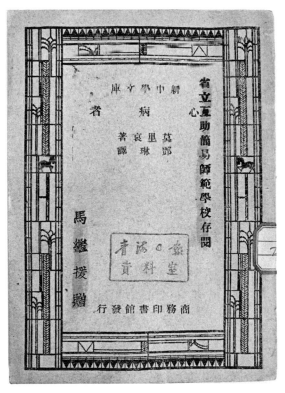

中學第一區包括西寧、湟源二縣，設有省立高級畜牧獸醫職校、西寧職校及中學與湟源初級中學，另有回教促進會設立崑崙中學〔註3〕。第二區系樂都

〔註3〕崑崙中學：建成於 1938 年秋。在馬步芳的強迫下，由青海省政府新編第二軍補充團（團長孟傳陸）服勞役修建。舊址位於今青海省軍區大院政治部樓周圍，校舍三百餘間。

縣，設有省立樂都初級中學。第三區系循化縣，設有省立循化初級中學。第四區系互助縣，設有西互初級中學。第五區系貴德縣，設有省立貴德初級中學。第六區系玉樹縣，設有省立玉樹初級中學。

崑崙中學

崑崙中學校舍

惟以該省各縣中等學校，自設立迄今常感師資缺乏，經費困難，以致校務無法推進。各中心學校畢業學生，多來省垣投考中學，以致各縣中學各班級學生，均不足規定額數。因之一切設施未能按照原定計劃及部令辦理。此種情

形，該省教育廳曾於三十五年四月呈由青省政府諮請教育部撥發各校經費及理化儀器去後，延至暑假內尚未奉到准予增撥經費部令。當時深感經費無著，各縣中學無法維持，遂於去年暑假內暫將樂都、民和、大通、湟源、貴德、化隆等七縣中學依照性質分別歸併於省垣各中等學校，合併授課。

截至上學期，計省立西寧中學有高中三班、初中五班，學生一〇九名。西寧師校，師範一班、簡師八班，學生三五六名。西寧女子師校有初中一班、師範三班、簡師二班，學生一三一名。高級畜牧獸醫職校，高職一班，學生六〇名。西寧職校，初中三班、高職二班、初職六班，學生二五五名。回教崑崙中學，初中一五班，學生六〇九名。共計五十班，學生一六九二名。本年下學期，仍恢復樂都等七縣中學。現各中學校長均已派定，正著手辦理招生事宜。

西寧六校中，以回教教育促進會設立之崑崙中學經費最為充足。該校並附設小學一處，共二十三班，學生一七〇〇人；幼稚園一處，共二十三組，學生一二三〇人。校址寬闊，面積約三華里。內有校園，樹木茂盛，湟水引流其中，環境極為優美。一切設備均極完善，所有學生服裝、膳宿及課本等，均由校內供給。課程除按教部規定者外，中學部每週加授阿文一小時，但係選修性質。至省立西寧中學、師範學校、女子師範學校、高級畜牧獸醫職校及職業學校，均感經費〔八〕困難，師資缺乏，設備參半，皆因陋就簡，學生課本尤為奇缺。

除上述省立學校外，尚有國立學校三處。設在中學第一區者，為湟川中學；第五區者，為貴德初級實用職業學校；師範第一區者，為國立西寧師範學校。湟川中學在西寧城外二里許，校址寬敞，環境優良。現有初中七班、高中三班，學生二三八人，附設小學一處。自奉令中學不得附設小學校後，現一、二年級業已停辦，僅有三、四、五、六年級四班，學生二百三十五人。設備尚稱完善，學生成績亦甚優良。當地人士對該校頗具好感，惜亦以經費不足，難圖發展。國立西寧師範學校，現有後期師範一、三年級各一班；簡易師範三、四年級各一班；邊師部一、二年級各有甲、乙二班，共四班。學生二百九十人，內漢族二二六人，蒙族一一人，回族四人，土族二五人，藏族二四人。課程除按規定教授外，邊師部每週加授藏文四小時，教員多為專任。圖書有中學生文庫及萬有文庫各一部，惟儀器甚簡陋。附設小學四部，共有學生一千餘人。學生多數無課本，經費頗感困難。目前該省小學就學學生，較前激增，國立湟川中學及西寧師範學校附設小學部，自奉令停收新生，影響學生就學，地方人士頗感不安。

國立西寧師範學校

（二）國民教育

該省國民教育，自三十一年元月起開始實施以來，即以數量之擴充、質量之增進與推行實際研究，籌集學校基金為中心項目。數量方面，除將原有完全小學、初級小學，分別改設為中心國民學校及國民學校外，並於三十一年至三十五年各年內，在原有國民學校內擴設中心國民學校八十九校，短期義務學校內擴設國民學校五十三校。合計現有中心國民學校一九七校，國民學校七六五校，共計三四一四班，學生四九九二〇名。該省教育當局，鑒於學校數量增多，師資缺乏，特於省立各師範學校，先後舉辦師資短期訓練班，共九班，培養師資三九七人，分發各校任教，全省現共有師資二八三六人。

（三）社會教育

該省現有省立民眾教育館及圖書館各一處，縣立民眾教育館十二處。省立圖書館〔註4〕在西寧城內城隍廟街〔註5〕，閱覽室及藏書樓均係新建築，清雅

〔註4〕青海省立圖書館建於民國二十三年（1934年）。時任南京國民政府考試院院長戴傳賢代表國民黨來青海視察訪問，為表達對青海文化教育事業的關注，積極倡議創辦「省立圖書館」，並答應捐助所需的各類圖書。當年7月，戴傳賢派人送來《四部備要》《新政叢書》等圖書九千八百餘冊。青海省政府主席馬麟不得不撥款修建圖書館舍，由馬步芳督兵興工，迫使士兵於10月間在西寧隍廟街建成兩層樓房一幢。其中藏書房閱覽室共44間，設備十分簡陋。1935年4月15日，圖書館正式對外開放。

〔註5〕隍廟街：即今青海省西寧市解放路。

整潔，閱書極為適宜。藏書甚多，內有名貴藏經五十餘箱，惟現代圖書、什誌、刊物殊感稀少。教育觀限於經費，設備較差，內容亦欠〔九〕充實。該省於去年九月，曾請教育部增設科學教育館，以資增進國民科學知識，惟迄今尚未奉准成立。

（四）電化教育

教育部撥發該省之收音機，經屢次修理，均不能應用。該省政府為謀繼續推行電化教育，於本年在滬購置收音機十座。因路途遙遠，運到時損壞不能應用者四座，其餘能用之六座，現已分發社教機關及中等學校裝置收音。所有教育影片，由該省教育廳委託湟光電影院播映，各級學校學生分期參觀。

西寧湟光電影院

1946 攝

（五）邊疆教育

該省邊疆教育，包括蒙藏教育及回教教育二部。年來回教教育辦理成績優良，教育廳已奉教育部指示劃歸普通教育以內，邊疆教育純粹為蒙藏教育。現蒙藏教育文化促進會已在玉樹、都蘭等縣設立蒙藏中心國民學校二所，國民學校四所，玉樹蒙藏簡易師範學校一所。

丁、田賦徵收情形

該省地處高寒，農產自限，且能耕之地，僅屬海東七縣之地，其餘游牧地區之民食，仍仰給於斯。在此食之者眾，生之者寡之情形下，政府徵收田賦，頗感困難。去歲糧食部僅核定該省徵實徵借各三萬伍千石，仍以各縣因受蟲、霜、旱、雹各災收成減少，無力完納。經依照災歉條例核減徵實徵借各九千九百三十九石零七升四合後，於去年年底實勉強徵足六萬雙零六十石九斗二升八合。今歲田賦尚未開徵。

戊、稅捐徵收情形

該省現行徵收之稅捐，計有自治稅捐、營業稅、契稅與徵收補助地方自治稅捐。自治稅捐內包括營業牌照稅、使用牌照稅、屠宰稅、筵席捐、娛樂稅。經調查，今年一至六月份，計徵營業牌照稅三九‧六七七‧七一〇元，使用牌照稅五三三九‧〇〇一元，房捐四五八三‧九三六元，屠宰稅九‧一九三八一九元，筵席及娛樂稅三五二‧五七〇元，營業稅一〇四‧七四‧〇六二元，契稅一三‧五九六‧四六一元，經徵補注地方自治經費稅捐六四九一八‧三五四元，合計共收二四一‧七三五‧五一三元，徵收數字較歷年均優。

己、司法辦理情形

該省現有高等法院一處，設於西寧城內。地方法院有西互、樂都、民和、貴德、大通、湟源、化隆等七處。司法處僅有一處，設於循化。監獄全省僅有一處，設於西寧，建築古老而簡單，現在監人犯約三十餘人，均能恪守監獄規則典獄人員尚無凌虐犯人情事。高等法院每月審理案件約二十餘起。地方法院以西互案件最多，每月約百餘起，案件內民事占三分之一，刑事占三分之二。該省司法人才至感奇缺，各法院均感人手不敷，辦理案件不無遲緩之情形。

庚、合作組織情形

該省合作組織，發軔於三十二年，因是年該省蒙藏牧區發生牛瘟，損失甚鉅。省府為普遍救濟，遂派員到都蘭、共和、同德、同仁、海晏、湟源、興海、貴德等八縣。前南屏、河曲、香日德、祁連、西樂、通興、黃河源、星川等八設治局及崗察獨立族共組成畜牧生產合作社三十七社，省垣及湟中縣共組成消費合作社十七社，全年共組織成立合作社五十四處，共計社員一萬八千零三十二人，股金五十六萬三千三百六十九元。

三十三年，省府各廳、處、局員工組織員工消費合作社一處，除股金外，省府復撥給資金一千萬元，計有社員六百餘人。青藏公路員工在公路沿線，自日月山至毛石頭，共組設消費品供應社六處。在民和及樂都各縣組織〔一〇〕城鎮合作社一處，共計社員六百五十七人，股金二十六萬元。

三十四年，湟中、樂都、民和、湟源、貴德、共和、大通、互助、亹源等九縣，組成鄉鎮合作社一八九社，社員三四三〇三人，股金七七五九四〇元。省市依法組織全省合作社物品供銷處，並以青藏沿線六供應處改組為湟源、互助、魯沙爾、共和、哆吧鎮、哈城等六供銷處。

三十五年度，組織成立西寧市婦女會員消費社一處，社員七十九人，股金三十二萬二千一百元。組成區合作社，社員共計四千零二十五人，股金二千五百十五萬五千五百八十元；湟中縣保合作二社，社員二百三十三人，股金一百一十八萬七千五百元；海晏縣鄉鎮合作社三處，社員五百人，股金二十五萬八千元；同仁縣保社一處，社員三百五十七人，股金一百三十萬元；化隆鄉鎮合〔一一〕作社二十四社，社員一百八十三人，股金四百零九萬□千五百元；循化鄉鎮社六處，社員五千零九十三人，股金二百五十八萬九千元。

今年組成西寧市總工會會員消費合作社一處，共計社員三百人，股金二百二十萬元。統計該省各縣，現共有合作社二百七十餘處。

辛、軍隊風紀及地方治安辦理情形

（一）軍隊風紀

該省所駐騎五軍及八十二師，先後奉調至新疆、隴〔一二〕東擔任剿匪工作。現境內僅留八十二師一個營，其餘均為保安團隊。該省保安處對於所屬各團隊之訓練，極為嚴格；對軍風紀尤為注意，派有執法隊明密糾察，命令徹底，實施較易。各部隊衣食住方面，均甚優良。軍隊所到之處，確有不拉民伕、不入民家、不用民物之情形，是以各方對該省軍隊咸具好評。

（二）地方治安

該省地處邊陲，民間多備有槍支，以防不虞。青海省政府過去未明瞭民間槍支數量與品質，以資估計民眾自衛力量起見，惟僅限已辦社訓之各縣；至蒙藏區域，因蒙藏同胞對於槍支特別珍重，不易調查，未曾舉辦。該省本年度為徹底清查計，除在曾經辦理各縣重新辦理外，蒙藏區域亦開始試辦；並為徹底維持地方治安，嚴密運用保甲組織，在各鄉鎮村落設立崗樓，有當地國民兵輪流守衛，經

常清查戶口移動。是以境內各地異常安謐，頗有道不拾遺、夜不閉戶之現象。

壬、宗教

（一）喇嘛教

喇嘛教傳自印度，實因襲釋迦牟尼之佛教。喇嘛為無上之意，藏語以考試合格後之佛徒名曰「喇嘛」。喇嘛教於民元〔註6〕前二千五百餘年，由第一世藏王攝直簪布自印度傳入。自是歷代佛祖遞相轉生，廣建喇嘛寺，傳播所至，於是該省蒙藏同胞莫不虔誠信奉。惟喇嘛教有紅教、黃教之分。紅教衣冠皆為紅色，自攝直簪布由印度傳入西藏後，教規嚴肅，僧侶賢明，元明二代世受封號，乃至後世流於驕奢淫縱；又專持密咒，吞力吐火，佛教本旨喪失殆盡。因而西寧有宗喀巴者，別創宗派，黃其衣冠，稱為黃教，正教規，禁娶妻，尚苦行，排幻術，其道大興。該省各縣所屬著名喇嘛寺廟，共有二百七十餘處，尤以湟中縣內之塔爾寺建築偉大，金瓦輝煌，著稱全國。該寺內喇嘛最多時代，有三千六百人，現僅有二千一百二十四人。該省境內蒙藏人民之優秀子弟，多入寺為僧。據估計全省喇嘛教徒約四十餘萬，蒙藏社會遲滯而不進步，生產落後，人口減少，未始〔註7〕非此宗教熱之所致也。

（二）回教

回教創自阿拉伯穆罕默德，唐時自中亞細亞傳入中國。其教以知天識聖為宗旨，以敬事為工夫，以致命達天為究竟，稱天為「胡達」。教規獨信一主，不信他神，不拜偶像。其聖經曰《可蘭》，又稱《天經》，其大旨在畏天命。每日拜造物主五次，於晨、響、薄、暮、夜五時行之，以表朝乾〔一三〕夕惕之義；每七日一禮拜，以金曜日為禮拜日。其寺院統稱為「清真寺」，八十家以上者為大寺，八十家以下、五十家以上者為中寺，五十家以下者為小寺。該省各縣清真寺數字，尚無統計材料。據估計，全省回教信徒當不下三十餘萬；而蒙藏人民亦有信奉回教者，為該省蒙旗之和碩特部南右翼後旗，所謂托毛公蒙民，均係回教信徒；化隆一帶之卡力崗回民，口操藏語，係藏族之信奉回教者。

（三）道教

該省道教信徒為數不多，過去亦無組織。今歲，西寧市之道教信徒依照人

〔註6〕民元：即民國元年（1912年）。
〔註7〕未始：未嘗。

民團體組織辦法，向社會處登記，其人數約一百餘人；至全省道教徒尚無統計數目。

（四）基督教

基督教分為天主教與福音教二種。天主教掌教者為神父，福音教掌教者為牧師。該省西寧、湟中等地均有天主堂與福音堂，但當地人民受基督教洗禮者為數不多，其入教原因多由於西人傳教師以醫藥濟施與設立學校啟迪人民，因而取得其信仰。

綜上所述，青海省年來對於地方自治之實施，農林、水利、工礦、公路之建設，教育之推進，均有顯著之成績。而於合作事業之推行，軍隊風紀之整飭，地方治安之維持，亦均盡最大之努力。所有視察經過詳情，理合〔註8〕備文呈報，仰乞鑒核。

謹呈監察院院長于〔註9〕。

監察院甘肅寧夏青海監察區監察使　鄧春膏

上世紀 30 年代之鄧春膏及家人

〔註8〕理合：舊時公文用語。猶理當，理應。
〔註9〕于：指于右任。

【校勘】

〔一〕費：抄本原作「弗」，「費」的二簡字，今改。

〔二〕原抄作「十」，顯為訛誤，應為「千」，今改。

〔三〕原抄作「禹」，應為「屬」，今改。

〔四〕歉：抄本原作「欠」，「歉」的二簡字，今改。

〔五〕此處「玉樹」二字重複出現，當衍。

〔六〕原文闕「上」，今據上文補。

〔七〕從上下文體例來看，此處疑抄誤，應為「支路」。

〔八〕原抄作「弗」，今改。

〔九〕歉：抄本原作「欠」，「歉」的二簡字，今改。

〔一〇〕原抄本作「民和及樂都各組織縣城鎮合作社」，「縣」與「組織」顛倒，今乙正。

〔一一〕原作「化作社」，誤。按上下文意，應為「合作社」，今改。

〔一二〕原作「憂」，誤。應為「隴」，今改。

〔一三〕原作「虔」，誤。應為「乾」，今改。

甘肅西南青海東南邊區蒙藏族志略

陳其年

前言

　　藏族在西北之源流及其演進，中國歷史素無記載。按古時西藏為西南繳外諸羌之地，亦為三苗盤據之地所。據一般學者考察以為：「西曆紀元前一百一十二年，西藏牧民十萬曰羌人者，與上开其人相連結，攻陷黃河上游之一都市，由此附近而東入中國。自是以後，兩種族土地之間，築壘設防。壘狀楔成後，遂形成亞西州之大道。紀元前六十年，其地有亂，藏人為所征服，而建設城市以居之，即今日甘肅之蘭州。二世紀至三世紀之間，西京（長安）屢為西藏武士所迫，不堪其擾。中國西陲全地，迭被攻擊。五世紀，西藏形勢一變，伊當保護佛教之任，擁戴稱王，欲與中國相匹敵。印度亦為所轄。自是羌族之名廢，而代以西藏族，民族益見複雜矣。六世紀，藏族更為發達。唐代詔張益〔一〕科〔二〕尚緒贊〔三〕立盟於清水。宋時，秦州（天水）、伏羌（甘谷）皆為土番所佔。明清兩代，專以釋教之化藏族，因而寺院林立。」

　　是西藏之入甘肅，卻已年代久遠。惟時又退居甘肅西北與西南，抑或其餘為漢〔四〕族所同化，則無法證明。其釋教之義，既普遍而深入。藏民信仰寺院活佛喇嘛，自為當然之結果。

　　至蒙族，始於明末。何碩特酋長顧始漢，襲據青海西北部。自是，始曼延於青海各地。茲分述如次：

甲、甘肅西南邊區蒙藏族

（一）夏河縣——拉卜楞

1. 拉卜楞

其地前東為青海南親王所轄。嘉木樣一世佛原係該處沙溝喇嘛。千二百年前赴藏學習經典，返至該處宣教，南親王即將該地送給建築寺院，名曰拉不塄——活佛公署之義。旋即變為地方名稱。而政教兩權，亦漸集中於嘉木樣佛。惟就行政管轄，依表面言之，在甘肅、青海未分省前，原屬西寧道循化縣，拉不塄不過循化縣之一區。迨於十三年，因變亂始設立設治局，脫離循化所轄。十七年，復改為夏和縣，旋即歸甘肅所轄。該寺所屬大小寺防計一百零八個，喇嘛總數號稱三十萬，藏民人數未詳。其餘，尚有青海和碩特部前首旗南親王所轄之蒙族一部，所謂黃番者，土人稱「黃韃子」。惟人數較少。其附屬寺院名寺、地點如附表（一），至內部組織如附表（二）。出產方面，因蒙族人民多營游牧生活，故以毛、羊、馬、皮毛等為最多，但無精確統計。惟就消費稅收比額觀測，民十九年收數最高，以該額推算約如附表（三）。但民間留用及由松、藩〔五〕、川、雲邊界走私出口者，並不在內。其軍權另有拉不塄保安司令管轄。此不過就表面言之，實則寺內均能管轄。其地名、首領及現有壯丁、槍支、馬匹如附表（四）。現任嘉木樣佛為康西理化人，五歲時迎來寺。今年三十六歲，其政教關係及活佛家系如附表（五）。

2. 黑錯寺〔註1〕

前與拉不塄同隸西寧循化。民十七年，又同隸夏河。惟以該寺喇嘛及所轄藏民均較強悍，既非拉不塄寺政教所能，及夏河縣統治，尤談不到。觀於道光二十六年，陝……〔註2〕

3.（闕）

4.（闕）

5.（闕）

6.（闕）

7.（闕）

〔註1〕黑錯寺：又作「黑措」，係藏語音譯，今譯作「合作」，意為羚羊出沒之地。位於今甘肅藏族自治州合作市。

〔註2〕原抄本後文缺頁。據上頁背面字跡墨印，僅序號3～7隱約可見。下文據補，內容闕如。

（二）臨潭縣〔註3〕

A.（缺）

B. 都綱司楊鳳彩

始祖楊永魯，係藏族頭目。明永樂十六年以功授昭信校府、洮州衛指揮綱司，著藏族百戶分守隘。永魯侄鎖南藏卜於宣德二年為僧，宣傳佛教，授都綱司世職。十五傳至楊鳳彩，所轄番民二十三族，二百一十三戶。惟該都綱司後因娶妻，致將僧人併入卓尼禪定寺。且於二十六年有九月〔六〕，卡八舍曰扎三族，自動向縣府請準歸流，故現所轄只有二十族，如附表（十）。

C. 僧綱馬轍霄

始祖力車加定，原籍西藏，歷授封膳王。明洪武六年，以功授西藏膳王千戶世襲職。其子八點旺秀於永樂三年承襲，後帶僧人百名入關，駐洮州衛，建修麻你寺，復因功授禪師銜，升世襲僧綱兼管百戶。六傳至昇哈旺秀，因功護理舊洮州指揮守備兼管部落。又傳九至馬轍霄，現管僧人百名，番人二十一族一百二十戶，如附表（十一）。

D. 僧正侯〔七〕世禛

始祖侯世顯，明洪武年，以大監供差，奉旨詣烏斯藏奉迎如來大寶法王，遂建圓成寺。十四傳，至侯世祺，現有僧人四百三名，番民四族，如附表（十二）。

E. 郎木賽持寺溫布旦

子僧戒。僧約三百，帳房百六十頂，槍〔註4〕百一二十枝。

F. 拱卜寺

僧約六百。溫布，名羅索江錯，尤為眾望所歸。

（三）卓尼設治局——舊洮州撫番府轄境

舊土司楊積慶。始祖些的，係洮州衛卓尼族人。明永樂二年，率疊番達拉

〔註3〕此處缺頁，接前文「觀於道光二十六年，陝」，後文接「B. 都綱司楊鳳彩」。據後文「僧綱馬轍霄」推知，係為記述臨潭縣事。另發現前頁背面有「（二）臨潭縣……」字跡墨印，隱約可見。故可確定標題為「臨潭縣」，此處為校者所加。

〔註4〕原抄本寫作「㲛」。黃德寬《古文字譜系疏證》：「㲛，疑楠之省文。」按《康熙字典》引《篇海》：「楠，芳無切，音敷。木欑也。」《說文·木部》：「欑，積竹杖也。」然與此處文意未通。蒙青海文史學者靳育德先生賜教，辨識為「槍」字，合乎文意。㲛，蓋為舊時「槍」字俗寫。

等族獻地投誠。十六年，因功授世襲指揮僉事兼武德將軍。四傳至旺秀，賜姓楊。又傳至楊崇基，於嘉慶十九年，兼攝禪定寺世襲僧綱。更三傳至楊積慶，奉命歸流，改名為洮岷路保安司令。旋於民二十六年新曆〔八〕七月二十日，因事變身死。其子楊復興仍任司令，二子任禪定寺僧官，中央�以護國禪師銜，更設卓尼設治局以治理之。惟一切事物由司令部辦理，臨潭縣命令尚可通行。蓋藏民腦海中，深印洮州紅布為其直轄上官故也。紅布，即藏語長官之意。共轄四十八旗，五百二十族，如附表（十三）。

其禪定寺所轄寺院，亦號稱一百零八個。惟著名者實只有三十八個，如附表（十四）。

其餘皆係小寺而已。至各族現有槍枝、人口，經以查明者如附表（十五）。

附記：

按舊洮州管轄各番地，所產牛、馬、羊等甚夥。惟無精切統計。如臨潭舊城一處，每年貢易額而言，數已可觀，如附表（十六）。

但民間留用及由松、潘、川、雲邊走私出口者，尚不在內，但亦無法估計。

（四）岷縣——舊岷州

1. 後僧綱司

始祖後祿竹尖挫，係大智王班丹札釋〔註5〕之後。明成化間，以征番有功，歷傳任僧綱司，住茶埠峪，共轄寺院三十五處，如附表（十七）。

2. 趙土司

始祖綽恩寬，係革耶族生番。明宣德間，以功授世襲土司千戶。共轄四十三族，如附表（十八）。惟清末已改土歸流矣。

〔註5〕班丹札釋（1377年～？）：或譯作班丹扎失、班丹扎喜，俗名「後法王」，岷州衛大崇教寺主持，明洪武年間（1368～1398年）著名僧人。其始祖朵兒只班於洪武二年歸附明朝，賜姓為后氏，委任為宣武將軍，洪武十年受封為岷州衛土司。班丹札釋青年時，嘗拜宗喀巴大師、賈曹傑、哈立麻得銀協巴、大乘法王昆澤思巴、達隴噶舉派曼殊師利、薩迦派哦巴係貢噶藏等名師學習各派教法。永樂四年（1406年），被太宗文皇帝首次封為「大寶法王」。宣德元年（1426年），被敕封為「淨覺慈濟大國師」，賜金印、金法冠及誥命等。同年8月，又加封為「宏通妙戒普慧善應輔國闡教灌頂淨覺慈濟大國師」。宣德十年（1435年），宣德皇帝去世，英宗繼位，召其入京，主持修建寶塔，舉行法事，超度宣德皇帝，並加封為「宏通妙戒普慧善應慈濟輔國闡教灌頂淨覺西天佛子大國師」。景泰三年（1452年），景泰帝又加封為「宏通妙戒普慧善應慈濟輔國闡教灌頂淨覺西天佛子大智法王」。故稱「大智王」。

3. 馬土司

始祖馬珍明。明洪武間，以功授世襲土官百戶。管番民十六族，如附表（十九）。

4. 趙頭目

始祖趙黑黨只官卜。明洪武間，以功授世襲土司百戶。管番民三族，如附表（二十）。

5. 黃僧綱

始祖係口外生番，於康熙二十七年投誠，奉派居黑峪寺。轄番人二十四族，如附表（廿一）。

6. 外次，尚有土司頭目〔九〕等六名

有管轄番人。惟因與漢〔一〇〕民雜居，漸已同化，不受土司管指揮矣。

（五）西固縣——舊西固縣所

本古由馬氏，羌地。漢武帝時，李廣征西置武都郡，即今縣城外之西關。明初，正千戶姚富始築新城。洪武四年，徐達兵至。韓文率番眾歸附，隸岷州衛。民國改為西固縣。東至武都柳城，南至生番，均為熟番。數目未詳。

乙、青海東南邊區蒙藏族

（一）蒙族

蒙族之入青海，始於明代。自清平蘿蔔藏丹津〔一一〕之亂，詔定游牧地界，分為和碩特二十一旗（後並為二十旗）、綽羅寺二旗、土爾扈特四旗、輝特一旗及喀爾喀、察汗諾門汗各一旗，共計二十九旗。分左、右翼兩盟。民國二十年，國民政府以拠蒙藏會議蒙古各蒙旗組織會議，於十二月十二日公布組織法，略變舊制。各盟設正、副盟長各一人，各旗統以扎薩克銜領之。惟實際兩盟各領一十二旗。其餘，如和碩特部前首旗、南左翼中旗、右翼中旗，不受盟之管轄。其部旗如附表（廿二）。

（二）藏族

自蒙族侵入後，遠移巴顏喀喇山以南，降為奴隸。清雍正時，漸次歸化，制定七十九族，撥三十九族駐牧西藏，駐青海之四十族更並為八大旗，置千百戶等職管理之。即四十土司所由來也。至咸豐間，移一部於河源以北，名曰「熟番」，即在都蘭市附近〔一二〕者。其餘，散而復聚，在貴德則有魯藏、東

車、昂拉等族，同仁則有熱貢等十二族，循化則有邊都、尕塄、卑壙等族，及
果洛五大族、玉樹二十五族均是也。

1. 果洛五大族

下轄十七小族，游牧于果洛山及黃河南北各處。人口號稱二十萬，分上中
下三部。其名族及部落、土官之著明者如附表（廿三）。按果洛仍係藏語，「果」
為頭，「洛」為圓，合併解為圓頭。在廢清時代，凡法令所及區域，均須一律
剃頭蓄髮。惟果洛則法令難及，男子全係光頭，女子則短髮束帶，故有圓頭之
目。久而久之，因漸為地名與族名。

2. 玉樹二十五族

其中地名蓋古多，及玉樹縣地。濱金沙江支流，為番族走集之所。約為萬
餘戶，人口無確數。其區分如附表（廿四）。而各族寺院共百餘所，僧人已達
萬數千人，如附表（廿五）。其出產，如牲畜、藥材、冬蟲草、鹿茸、麝香等
甚夥。惟難統計。至未墾之土地約占十分之七以上。

丙、一般情況

（一）風俗

1. 服飾

多褐裘，冬春不易。男子衣二截，上修長，下多縱縫，貴賤有別。女子披
髮被頸而下，富貴者，首項飾珊瑚、車渠、銀錢〔一三〕、瑪瑙、琥珀、海螺〔一
四〕之屬。以珊瑚串作牌，約五六寸，戴頭頂，名曰班瑪。男子則鮮衣、乘車
馬、配刀負銳，以表其氣概。少年尤甚。惟男女均不著褲。

2. 婚喪

鄰近漢族之藏人，已染漢俗。稍不同者，即婚娶先論采禮期，後召親戚或
〔一五〕人馬，原〔一六〕財幣，載牛豕，迎親及門，女家閉門升屋而歌，婿輩亦
歌答之。既啟門，女輩提杓沓水徧澆之，乃入布幣成禮。歌舞歡飲，日以繼夜。
達旦，迎婦去。女家人馬迎送及門，澆水。夜飲亦如之。次朝，女家仍載女去，
比十二月廿四日，始送婦歸家焉。

喪亦用木喪，惟須延僧誦經。

遠番，則婚姻絕對自由，雙方家長不得干涉，亦無所謂婚禮。惟無娶妻事
實。蓋長女例有繼承權，故不出嫁而為贅夫，長男則又須出贅也。結婚後，任
何一方不同意，即構成離婚，男子離開女子帳房或土房即可。

死葬，或付鷹犬，或投水火，不用土葬。

（二）生活

1. 飲食

尚乳酪、牛羊肉及炒麵〔一七〕，且均嗜茶。

2. 農事、游牧

有所謂土房，即有房舍，並以耕種為職業。而帳房則否，專以畜牧為業，逐水草而居者也。農事遇春和水至，耕耘鋤鎒〔註6〕。水旱各地，乘時力作，與漢人無異。惟牛微小，有五頭作一具者。游牧則無一定地點，向水草之豐瘠，逐次前進，但各部族均有一定界限，不能越過山頭。

3. 居室、帳房

土房皆係平頂碉房，砌石為牆，層累而上，覆以土石，有二三層至五七層者。帳房則大半以黑色皮毛為之，不透日，不漏雨，四面可隨時開張，以通空氣。中間砌成約一尺高之土牆，分帳篷為左、右兩部，左則居男，右則居女。

（三）習慣

1. 人情

信仰崇僧，身子多為喇嘛。如留家者夭殤，聽一子還俗。故戶口無所增，往往有絕祀者。沈於酒而瀆於色，要皆勤樸耐勞。惟精強悍，輒喜私鬥，以致每年因私鬥而傷亡者甚多。甚至歷〔一八〕相互爭鬥，歷數十年不絕。然考其原因，往往輕微異常。其鬥爭時，必合數莊人如戰陣然。戰後則按彼此所殺人數，正負相抵，餘者每人納命價若干，以了其事。若負者持強不納，則欠作命債，隨數十年後必择復之。其有彼此酣戰，勢不相下者，餘黨即請高僧至，拖禪裙掃地，則戰者寐然不動。任高僧調停之，無不遵服，雖嗜好不一，然篤信高僧，則如一丘之貉，或劫奪所得，或貿易所致，金銀財務盡數供給高僧，任其揮霍，無吝色〔註7〕，無怨聲。其望於高僧者，不過以舉手之勞，使彼手及我額，則勞欣已無及矣。人死後如無族黨，即將平死〔一九〕所積，盡數獻給寺僧為布施，誦經卷名曰開經堂門。雖遠番見喇嘛，則必側身脫帽為禮，及遇有名高僧，不能高攀，即以高僧所乘之馬足下之土，撮於頭頂，伸舌打半躬，然後垂手曲腰。

〔註6〕鎒：同「耨」。
〔註7〕吝色：捨不得的神情。《醒世恒言・兩縣令競義婚孤女》：「賈昌並無吝色，身邊取出銀包，兌足了八十兩紋銀，交付牙婆。」

2. 交接禮儀

見頭目土官，卸帽於手，伸舌打半躬，然後垂手曲〔二〇〕腰，聽候訓示。如行大禮，則必五體投地，叩響頭。凡進見，必遞哈達，如綾絹手帕，長短不一，亦如漢人投刺意。即平行，亦彼此交換為禮。

3. 醫藥

有病不事醫藥，只延僧誦經。小疾，或以清油、酥油遍身擦之，曝於日中；或刺血；或轉古拉——繞寺院跑。

4. 卜筮

遇事則求喇嘛翻檢經典，以教目推測休處。其經典中，每事各書明吉凶，似與神簽相同。又有喇嘛以紙畫八卦書藏字而占者，有以青禾〔註 8〕排卦抽五色毛索而占者。此外，或數數珠而占者，或畫地而占，或看水碗而占。種類甚多。

5. 人事

官皆世襲。耳飾大環，項掛念珠，視耳環大小以分等。委〔二一〕其處理一切事件，任奉廢清雍正十一年頒布之《番例》款辦理。

（四）語言文字

語言分為疊部、著掛、西番、拉不塄四種，各不相同。西番語，凡見青番之人及入番質易漢人，皆通焉。疊部、著掛語，數十里外即稍異，共其音，甚則地隔阬〔二二〕遠，有彼此全不能答者。惟拉不塄語，則甚普通，各處遠及西藏，均可適用，如漢人之北平語。文字則悉用藏文，惟只限於僧人，俗家則無識字者。其蒙族〔二三〕，另有蒙古語言文字。

（五）生產

多以畜牧為主，少數兼營農業。故以牛、羊、馬為大宗，清油、青禾等次之。此外，地利禾盡闢，礦產亦多。而野生狐、狼、虎、豺、鹿、麝及藥材秦芄、大黃等，尤不少。

（六）氣候

青海東南及甘肅西南因海拔既高，氣候入於寒冷。惟疊部一帶，氣候突暖，該因地勢較底〔二四〕故也。至玉樹一帶，如附表（廿六）。

〔註 8〕青禾：即青稞。

拉卜塄寺所屬大小寺院表（一）

名　稱	地　址	備　考
曼巴倉 大桑木塄倉 傑巴倉 丁科倉 傑道倉	拉卜塄寺內	以上為五扎倉
國莽倉 得當倉 桑拭倉 堪寶倉 貢湯倉 大日藏倉 德瓦倉 河莽且倉 加倉 加那化倉 掃扎倉	拉卜塄寺內	以上為十八囊禪，連前五大扎倉及嘉佛所居之金瓦寺，總名曰「拉卜塄寺」，共十八囊禪。以係同時建築十八小佛之居所，嗣後喇嘛加多，囊禪數目現已加多至三十餘所矣。

花來倉	家下郎倉	祇貢巴倉	昂桑倉	襄佐堪布倉	巧瓦紅可倉
年扎倉	曼祇倉	九加倉	葛伯寺	他日瓦則寺	尕清則寺
阿曲乎寺	臥空寺	卜拉寺	瓦他寺	褓由寺	黃達寺
褓烏寺	可強寺	達李寺	科才寺	瓦來寺	
以上均在拉卜塄內境。					

果麥〔註 9〕寺	拉益寺	金科寺	尕四香寺	色強寺	項來卡寺
尕多寺	藏寧寺	五欠寺	四卜和寺	五賽寺	
以上均在青海。					

拱拜寺	西倉舊寺	西倉新寺		
以上在臨潭縣。				

〔註 9〕麥：或俗「麥」。

協徐寺	層札寺	其卡寺	國門寺	曾大寺	年賽卡秀寺
四瓦寺	康撒寺	康根寺	白衣寺		
以上在四川松潘。					

理化寺	甘普寺	尕旦寺	拭尕寺	桑伯寺	熱瓦寺
阿傑寺	麻唐寺	羊丁寺	科來寺	日葛寺	
以上在西康。					

加傑寺	札喜寺	曼隆寺	剛扎寺	百瓦崖寺	甘家寺
尕麻寺	拉旦寺	祿二寺	曬經寺	陌務寺	熱投寺
叉倉寺	日郎寺	麻日可寺	剛拭寺	其葛日寺	花葛寺
唐突寺					
以上均在甘肅省。					

人多麻寺	只尕寺	只曾寺	高寺	江口寺	上撒麻寺
下撒麻寺	襄佐寺	倉哥寺	協五寺	熱貢寺	江胃寺
黃瓦寺	南半寺	木多寺	河口高寺	唐撒寺	傑倉寺
斜瓦寺	韋香寺				
以上在夏河縣。					

只紅葛莽賽吉寺		河秀寺	項東寺		
以上在西藏。					

河拉佛慶寺	太麥多慶寺	佐汗鄉寺	喬老太寺	河子太寺	巴年阿則寺
陶寶小寶寺					
以上在蒙古。					

巴里寺	劉家寺	當寺			
以上在臨夏縣。					

甘鷲寺
在北平。

甘覺寺
在五臺。

拉卜塄寺內組織系統表（二）〔註10〕

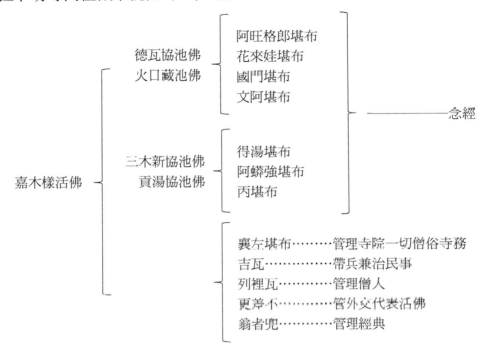

嘉木樣活佛
- 德瓦協池佛
- 火口藏池佛
  - 阿旺格郎堪布
  - 花來娃堪布
  - 國門堪布
  - 文阿堪布
- 三木新協池佛
- 貢湯協池佛
  - 得湯堪布
  - 阿蟒強堪布
  - 丙堪布

以上 ————念經

- 襄左堪布………管理寺院一切僧俗寺務
- 吉瓦…………帶兵兼治民事
- 列裡瓦………管理僧人
- 更莠卜………管外交代表活佛
- 翁者兜………管理經典

拉卜塄每年出產品名數量表（三）

名　稱	數　量	備　考
牛黃	十餘兩	民十八、十九年，消費稅局收數最高，額如上數。表係按該年稅收推算而得。惟自己留用及由川、雲走私未經納稅者，恐仍不在少數。
羊	二十五萬隻	
羊皮	二十五萬張	
羊毛	一百四十萬斤	
牛	二千頭	
馬	一千頭	
麝香	二百餘個	
鹿茸	十餘架	

〔註10〕此表及下文《拉卜塄寺政教關係及嘉佛家系表（五）》原抄本頗為複雜，蒙學弟趙承旭君襄助製成。謹此申謝。

拉卜塄保安司令部所轄地名首領丁馬槍枝表（四）

地 名	首 領	壯 丁	槍 枝	馬 匹
十三莊	業力哇	三〇〇	二〇〇	仝上
甘家	郭娃	二五〇	一五〇	
桑科	仝	二五〇	一五〇	
科才	仝	二五〇	一五〇	
作根呢麻	仝	三〇〇	一五〇	
齊科	麥馬、奇哈馬紅布、阿溫倉	一〇〇〇	四〇〇	
阿木曲子	古曹	八〇〇	四〇〇	
波拉	古曹	四〇〇	二〇〇	
吉倉	仝	一〇〇	五〇	
下八溝	仝	八〇〇	三〇〇	
江木關	仝	四〇〇	二〇〇	
褲夷	仝	二〇〇	一〇〇	
黑錯	作巴	八〇〇	四〇〇	
多化	古曹	一〇〇	五〇	
上下卡加	江玉龍	五〇〇	三〇〇	
陌務	總土官楊占倉、日多馬楊占錯、日蓋拉拉關拉多、羅讓拉哇萬得功	八〇〇	四〇〇	
隆娃	王鐸民	三〇〇	一五〇	
下那木拉	趙海雲、者嘛呢西化	三〇〇	一五〇	
火爾藏	牙首觀音正	八〇〇	四〇〇	
阿拉	郭瓦	三〇〇	一五〇	
麥秀	古曹	一〇〇	五〇	
合 計		七七五〇	四五〇〇	

拉卜塄寺政教關係及嘉佛家系表（五）

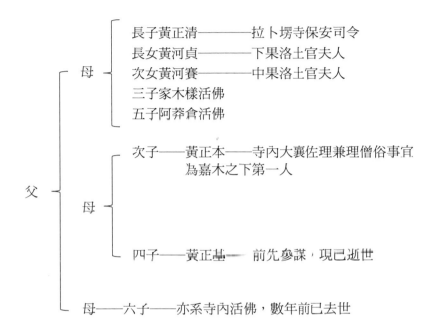

```
                    ┌ 長子黃正清————拉卜塄寺保安司令
                    │ 長女黃河貞————下果洛土官夫人
              母 ───┤ 次女黃河賽————中果洛土官夫人
                    │ 三子家木樣活佛
                    └ 五子阿莽倉活佛

父 ───┤           ┌ 次子——黃正本——寺內大襄佐理兼理僧俗事宜
                    │         為嘉木之下第一人
              母 ───┤
                    └ 四子——黃正基— 前先參謀，現已逝世

      └ 母——六子——亦系寺內活佛，數年前已去世
```

黑錯寺活佛名稱及寺院組織表（六）

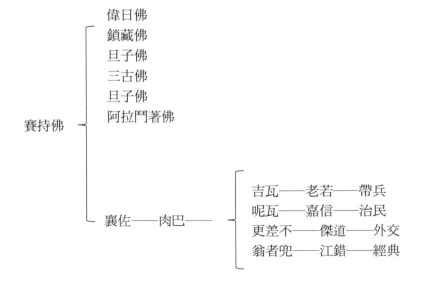

```
                    ┌ 偉日佛
                    │ 鎖藏佛
                    │ 旦子佛
                    │ 三古佛
                    │ 旦子佛
                    │ 阿拉鬥著佛
賽持佛 ───┤
                    │              ┌ 吉瓦——老若——帶兵
                    │              │ 呢瓦——嘉信——治民
                    └ 襄佐——肉巴——┤ 更差不——傑道——外交
                                   └ 翁者兜——江錯——經典
```

臨潭縣土司咎振華所屬旗族表（七）

旗　名	族　名	備　考
上西路旗	烏藏族、麻大族、申藏族、干族、月扎族、拉族、選巴、大哈、前後左那、古占山、加哈路	所謂「旗」，如鄉鎮之義。
下西路旗	宜舍、目的破、端溝、青泥河、業路、口兒、拉布、豪路、木鐸、賽路、俞家莊、牙布、哈那、丹藏、揣〔註11〕兵	
牙卡路旗	資莊、紅崖、的兒、班札灣、新莊坡、娘夏、東山、次炭、腰路坡、眼藏、南溝、眼藏灣、灣個嘴、琵琶、侯家莊	
那麻那旗錄元山旗	洛藏、窯頭、點哈山、車倉山、若巴山、若童、牙尾、羊化山、彔元山、後溝、洽巴、南山、下哈路	
約沙鎮	惱索、和尚山、什拉路、羊俄、沙路、河目大灣、劉旗、竹古樓	
拉布什旗	刀洛、丁洛、卡固、納兒、上達富、下達富、治布、元里、夏娃、接拉	

臨潭土司楊廷選所轄各族表（八）

族　名
著遜族、達子族、牙布族、草族、余家莊族、塔兒木多族、大蜀族

臨潭錄巴江卡牙當寺所屬番族表（九）〔二五〕

族　名
他移那族、牙當族、木多族、先梯族、錄巴族、路灣那族、扎扎族、果著族、當住那族、下路族

臨潭都綱司楊鳳彩所轄番族表（十）

族　名	備　考
著藏不族、班藏族、上河子他族、下河子他族、甘你族、出路那族、伊子多族、上著落族、鹿角族、他那族、簸箕帳族、上拉布族、下拉布族、那細錄族、沙哈甫族、搖日族、哈古族、巴里什族、達哈族、別力族	查該都綱司現已因病逝世，職務乃由兄楊彩雲暫行代理。

〔註11〕揣：同「搋」字。按《中華大字典》：「齒者切，音韠（chě）；止野切，音者。」

臨潭僧綱馬轍霄所轄番族表（十一）

族　名
陽坡莊、黃明族、老兒灣族、惱節族、盤元族、普藏什族、菜子族、加大那族、卡勺卡族、那子卡族、術布倉哈族、著部落族、倉禾族、鹿兒灣族、板鹿他族、馬巴族、扎扎族、巴的族、下藏族

臨潭侯僧綱〔二六〕所屬番族表（十二）

寺底丁族、小族、大的坡族、術爾哈巴族

附注：以上臨潭縣土司、僧綱，於去歲合編為同仁鄉。計共編六保五二甲五百二十九戶，男一〇八八〇，女一二三五〇七九。槍一〇〇枝。此外，如雙岔、西倉、賽〔持〕〔二七〕、拱拜等處，現正擬改編為雙岔、桃源、西倉、賽持四鄉，拱拜一鎮。現正進行編組中。

卓尼設治局所轄舊土司旗族表（十二）

旗　名	族　名	備　考
上冶的哇旗	力吾、拉什、的力、求路、拉鞋、江卜拉、瞎的、郭加、公哈	
班麻旗	勇占、扎占、扎郭、拉索邊、哈多、拉童、洛哇、力多	
岔麻童的吾旗	岔巴、扎蓋拉、多力那、的吾多、的吾甫、麻童	
約沙新拉旗	夏的拉、多拉、約沙、哈扎、作那、拉蓋、巴大	
多一力禾旗	呂你我、拉子我、西莊、則你我、七古、拉子、你藏、當送、柏古、上哈峪、下哈峪	
阿夏旗	那蓋、阿木什、克浪、西居、拜賽、那古、你娃、自目、麻童、上下加、達舍、白吐嘴	
代麻旗	多藏、交納、力求、朽達、郭扎、術哈、卡加、鼻子、四杉多、巴拉卡、上下賽巴	
阿木旗	角纏、公抄、公岔、拉的、卡產、惡巴、哈童他、阿力拉、才木車、些藏、厃〔註12〕老多	
沙麻童住旗	哈力那、沙而多、哈巴	
達拉旗	藏蓋、高則、揌拉、勺藏、拉錄、剛古、加洽、七娃、崗全、古加、那旦、那蓋、哪知、甫娃、賽中、那錄、吾古	
士橋旗	大扎、四土橋、岔哈、文布他、尚多、務力車、牙錄、代錄	

〔註12〕厃：同「仄」。

善扎旗	巴什哈、奋古、甫拉多、阿及那、夏哈多、夏占多、私吾格、錄吾、額路那、大你什、扎著地、郭夫、他扎你什、足錄、卡子、郭望甫、桑去的哈、扎古錄	
迭當旗	力吾、立住、宋巴、哈相、強沙、迭當石、甘唐、的合多、日人、拜的、錄力茶、塄多、多娃、麻路	
搲〔註13〕巴溝旗	江纏、買力你、買力什、哈扎、格拉、銀加、工巴、郭扎、什空、郭勺、扎自、麻扎、童多、多禾、肖吾、丹旦交、阿及那、丹路	
亦哇旗	大力、約巴、娘里、哈占、崖藏、多勿、拉娃、奋力、大崗、哈扎、朋多、那加、牙自、牙西、卜崗、沙力、竹吾、牙乃、知自、麻乃、敖及、力中	
虬力是的吾娃買桑旺甫多旗	的吾、勺洛巴、達加、大路什、夏路、的賽那、奋加多、桑旺甫、大化路、哇買、他錄那、桑旺多、康大車、峪古兒、虬力、峪那錄、紫你	
色吾什旗	寧古、阿自那、古巴、歪則那、拉子、日子那、夏路、札遜、古占、路哈、杓巴金、視夏、大哈	
巴童什旗	惡藏、古巴牙固、六角、古路茶子、那麻大、古錄、加哈求、班扎牙痛、純扎、甘扎牙錄、六蓋、巴痛、卓哈拉、麻扎、單他、班扎麻受、倉禾、朱子那、疊必那	
小術布旗	勺洛、撥勺、思布車拉、牙大、盤院、拉在岔、柏路他、卡哈的、坐洛什、甫扎什、拉子多洛、答加那、那子卡、甫扎哈	
朱札七旗	車路溝、大力那、知知、上下卡古、色樹碑、古格、拉加、無住那、什錄那、日入、沙的、錄古那、求細那、沙隘、錄垻、的古、買蓋、達處、郭扎、圭目、奋大、拉力、加當、的路扭子、勺民溝、牙兒、吾巴、阿吾茶、拉扎口、麻的卡、加多、杓扎牙力、那兒、潑耍、多洛、奋蓋、老拉哈、用路、你蓋、哈占、用路光、口兒虬、虬錄卡、術錄、阿布岔、你住、拉蓋、牙扎、立那、若娃、卓尼甫、拉吾、童古、求傑、求的那、豪路、莫勿、古路求安、卓尼、杓藏、冷角、柳旗溝、哇路、傑路、卡什口、傑巴山、麻兒、卜魚、力賽	
當多旗	當多必若、加的、疑力、大哈、多拉、秘旦那、河力、當多、舍水	

〔註13〕搲：同「扯」。

寧巴旗	竹綠、多肉、要力、河路、卡路、拉那、拉路、拜扎、札力	
拜扎旗	你占、求娃、截扎、初代、舟哈、沙愛、合力、加力、麻童、丹路牙童	
什巴旗	答童、敖敖、巴在、年卡、牙古、撒路、外住下	以下四旗均在上疊部，即為古疊州境。
哇巴旗	才卡、次錄、沙拉、念占、吾子、作什、作愛、牙愛、郭札、麻路、朋多、愛巴、空自、日蓋、卡買、扎哈、下臺、肉甫、肉童多	
買麻卡達旗	札什、你錄、甲者、岔古、卒加、卡浪、工古、你什、舍舍、阿自他	
拉布什旗	羊沙口、秋峪、夏娃、山旦嘴、南溝、錄院山、哈六、東山、哈家溝、哈家灘、牌路、閆家山、東古、力路、什拉路、大溝、牙兒山、山旦、沙扎、雷家山、結納、十日山、陽義、繼兒、朱占錄、口卜川、丁哈、哈布、白石嘴、牛營、夏家山、遙宮、方那	
私吾什境旗	阿吾多、思古多、下哈、拉竜〔註14〕、求扎、冰艾乩落、洛巴、的達、娘不、沒托那、牧兒扎、眼藏	
那麻那旗	知巴、的那、岡扎、浪扎、若竜、冬蓋郡、納浪大、納浪小、駝麻古、漸勿、駝落卡占	
冬來索旗	答扎、秋客、多巴、那方、小族、郭索、拉路、雲口求舍	
大峪溝旗	托那、奮力古、七卓、占占、洽小、冰古、他古、扎你、其卜	
口子下家人旗	口子下、娘夏、明路溝、揺你	
術怕初陰陽二旗	絶〔註15〕哈、若日、豆吾、勿杓、夏扎、蓋夏、車力代、車力買、拜扎、的力、卡買、銀固、新舊帕子	
陽山旗	拉六、曾布、目日、纏平、瓜子溝、下達念、上達念、力族	
鐵埧旗〔註16〕	喇嘛蓋度、下木頭嶺、上木頭嶺、千奸、大古的埧、小古的埧、岔平溝、扎路、買竜溝、王家山、駝什、鐵埧、言坪、拉哈、如蘭、多折、陰折、齊至、西吾、西州、瞎閂	

〔註14〕竜：同「龍」。
〔註15〕絶：同「袍」。
〔註16〕鐵埧旗：今甘肅省甘南藏族自治州舟曲縣鐵壩鄉。自清康熙年間起，已歸屬甘南卓尼的土司管理。

陰山旗	上下駱駝、麻尼山、見道、谷來、旦代、康哈、駝老、岔岡、古當、用兒	
代巴旗	見的、古的巴、河竟溝、坏溝、陽坡、兩岔垻、的血坡、克麻溝、支六、術溝、崖石頭、卓兒浪、蜂園子、扎答、茶路、江哈那	以上為黑番四旗。
下疊部截你溝旗	車路下、牙力卡、皂子卡、代如卡、錯日、錄亦那、初錄卡、你拉卡、可代卡、甫若、卡娘、你占、什拉、亦扎、則知、蓋舍卡、冬哈卡、扎占卡、你蓋卡、拉哈、娘知巴	
你俄哇藏旗	次力那、你巴、納浪寧、哇藏、柏扎、麻牙、阿思、板扎、麻牙、阿思〔二八〕、尼俄、阿哈卡	
唵子旗	你力卡、僧的、娘扎、童哈子、什空、竹錄童子、吾賽卡、次力卡、歪力卡	
卡巴力秀旗	術自甫、娘查、苦牙、怕哈、卡巴、力秀苦、娘哈、娘如、苦尼、錯日什、力秀查	

卓尼禪定寺所轄寺院名稱表（十四）

伊黎倉、德巴倉、麻當倉、德哇倉、牙路寺、立佳寺、郭坐寺、著佑寺、囊多寺、恰蓋寺、杓勿寺、卡多寺、代麻寺、握藏寺、扎義寺、拉子寺

以上四倉為四囊，即四小佛之居所。

柏古寺倉、古加寺、牙古頭寺、龍元寺、牛營寺、賽當寺、桑住寺、扎力寺、茶古寺、巴錄寺、錄娃寺、代力卡寺、拉索寺、則哈寺、那克寺、那古麻寺、代固寺、撒浪寺、舍舍寺、加路巴寺、車力寺、多洛河陰陽二寺、那古寺、窩藏寺、哇藏寺、閭家寺

宋堪布原為車寺高僧，現在禪定寺有囊禪。

洮岷路保安司令所轄各旗人馬槍枝表（十五）

旗分職別	姓 名	人馬槍枝別					備 考
		戶	口	壯丁數	槍枝數	馬匹數	
日扎卡什旗／總管	麻周	三九一	一六四〇	二七六	二〇〇	二五三	七九三八式槍各占三分之一，其餘係鳥槍。
土治三旗／土官	冬生	二八六	六二四	一四〇	八〇	八七	
亢力達加旗／總管	只道腦加	一六三	六二五	九〇	五六	六〇	
桑旺甫多旗／總管	才化九	一七六	七五四	一〇〇	五六	五八	

善扎迭當旗／總管	班的牙其君扎什	二一五	一一四五	一五〇	六七	七七
撘巴溝旗／總管	禿哇肖	三二〇	一九六五	一六八	八七	一〇〇
小術部旗／總管	朱高	七九	三一六	四八	三〇	四五
朱扎七旗／大總承	安怕怕九	六七一	二九四〇	四八三	二八三	三〇〇
色吾巴竜旗／總管	金長壽	一九五	七四〇	一三八	七六	九四
著遍他那旗／總管	黨有祿	一八六	六八三	一三八	八〇	八一
人峪溝旗／總管	金哈旦主	八八	四二三	六九	三〇	三〇
那麻那旗／總管	梁格主次力	八几	三八一	二八	六九	二八
冬禾索旗／總管	呂鍾盡	六五	二五八	三〇	六九	一六
拉不什旗／總管	楊生輝	九八	四三七	二〇	六八	二五
總　計		三〇二三	一九二六	一一二三	一〇〇六	一二五四

附記：一、本表所列各旗係已查明者，未列者尚未調查明白，暫付闕如。

　　　二、本表一切數字係二十九年調查所得。

舊洮州各屬每年在臨潭舊城一處貿易額數表（十六）

名　　稱	數　　量	備　　考
狤〔註17〕狉皮	七〇〇〇〇	1. 以上數字，皮類係張，牲畜類係只或匹，藥材係按擔計。惟麝香則按個計，羊腸又以付計，豬鬃鬚以斤計，至木料以元計也。
牛	六〇〇〇	
羔羊皮	二〇〇〇〇	
羊	二〇〇〇〇	2. 上述數量，係就該處每年稅收納數推算而得。惟民間留用以及由番地運銷於川、雲者，尚不在內。
狐皮	四〇〇〇	
馬	三〇〇〇	
狼皮	二〇〇〇	
狗皮	三〇〇〇	

〔註17〕狤：同「猾」。按《中華大字典》引《廣韻》：「德合切，音答。」

黃鼠皮	五〇〇〇
水獺皮	二〇〇
豬鬃	二〇〇〇〇
秦芁	一〇〇
川豬皮	八〇〇〇
羊腸子	二〇〇〇〇
肚剝皮	八〇〇〇
貝母	三〇〇
木料	一六〇〇〇〇

岷縣後僧綱所轄寺院表（十七）

圓覺寺（僧綱司居此）、大崇教寺、講堂寺、撒藏寺、宏教寺、宏福寺、德藏寺、朝定寺、藏經寺、裕隍寺、三祝寺、石崖寺、魯班寺、麻德寺、麻善寺、永安寺、羊巷寺、宏濟寺、昭慈寺、崇隆寺、寶定寺、永寧寺、些爾多寺、讚林寺、年家寺、張家寺、喇嘛寺、毛家寺、新寺、荔川寺、土司寺、吉祥寺、哈撒寺、石門寺、格隆寺

岷縣趙土司所轄番民族稱表（十八）

多納族、栗中族、本真族、栗林族、車聶族、達哈族、只比族、竹力七族、占藏族、茲的族、扎柯族、葉多哈族、額力族、哥力族、莪卜只族、入樹族、任藏族、黨比族、朱柯族、牆框族、尖樹族、下尖樹族、六工族、葉納族、麻子川族、占藏祿族、吾麻族、鹿兒垻族、西寧溝族、喇子族、達納族、出路族、鐵法族、巴路族、康都族、色都族、策古族、節藏族、祿巴族、著藏族、板藏族、喇達族、恰生族

岷縣馬土司所轄番族表（十九）

即隆族、野地喇哈族、馬安寺族、瓦舍坪族、齊家族、陰平族、肖二牟族、水泉坪族、土崖頭族、冉家山族、祿人族、力則族、鐵力哈族、油房溝族、大坪族、竹園族

岷縣趙頭目所轄番族表（二十）

峪兒族、達竹族、札細族

岷縣黃僧綱所轄番族表（二一）

老古喇哈族、格卜族、不地里族、分二戰族、西大族、羊矢拉哈族、瓜咱族、哈墨族、沙哈族、打壩族、寧壩族、古義族、古藏族、失巴族、祿績族、古代壩族、額都族、乘皂族、初麻族、牙巷族、尖則族、汗班喇哈族、阿中堡族、童賽族

附記：以上為岷縣所屬，至西固番民數尚未超過一萬。其分布區域，從風俗習慣上大別之，計有三類：第一，自縣城起至西二十里武都關，再以西至黑峪，直至岷縣東南之羅大後歸安以南，在此區域內並為一型類。第二，在縣城南二三十里之南山中，有李七莊邊民，又為一型類。第三，在縣城南七十里之三角五坪一帶，東南至殺賊橋，則又為一型類。計全縣五坪黑峪為中心，武都關以西次之，南山七莊人數最少。

青海東南邊區蒙旗一覽表（二二）

部 名	旗 名	俗 稱	現住札薩克	爵 位	備 考
和碩特	首前旗	河南親王	共曷花木卻	郡王	現該親王已死，由其妻葛滾還覽代理。
	南左翼中旗	河南札薩克	索南到爾吉	輔國公	
	南右翼中旗	仝	策□〔二九〕他爾	仝	
土爾扈特	南前旗	仝	葛藏克周代管	仝	
獨立部	察汗諾門汗	白佛爺	羅藏旺濟勒	札薩克大喇嘛	

附〔記〔一〇〕〕：

1 和碩特為元世祖弟喀布圖哈薩爾十世孫固始汗之裔。

2. 土爾扈特為元目〔註18〕翁罕之裔。

3. 察汗諾門汗，係清順治時，有西藏大喇嘛齊遵嘉木錯來青闡揚黃教，番眾信仰服從，為第七世的畢勒汗。康熙四十四年，第八世羅錐嘉木錯入詔，封察汗諾門汗。雍正三年，放札薩兒。

4. 按察汗諾門汗，蒙語也，即白法王之意。此係藏族活佛封為蒙古法王。

青海東南邊區藏人果洛五大族名稱部落表〔三一〕（二三）

族 名	部落土官名稱	備 考
哇西色多族	康巴藏、康乾藏	
阿郡日摸族	阿將、郎旺、河將、紅冒	
仁親顯木族	徐將、色巴、日拉	
江汗得巴族	抗謙、多巴、長泥哈	
河可馬族	卡光、兒馬、懷古、兒馬〔三二〕	

附〔記〕：

1. 部落土官以河將、紅冒所轄民眾最多，尤為眾望所歸。

2. 五大族之下，尚有十七小族，均游牧於黃河南北各處。如上、中、下小阿樹等，皆是也。

〔註18〕目：「官」之俗寫。

青海東南邊區藏人玉樹二十五族區分表（二四）

族　　名	土　　職	駐牧地界	所屬頭目	所屬民數
囊謙	千戶	橫〔三三〕跨雜曲、西鄂穆曲〔三四〕二河，東界蘇爾莽，南界昌都類烏齊，西界蘇魯克，北界拉休。	百戶八名 百長二十六名	二千餘戶
札武	百戶	同駐牧通天河南，東界西康鄧河，南界同普，西界蘇爾莽、拉休、迭大，北界迭大、竹節。	百長六名	三百餘戶
拉達	百戶		百長一名	一百餘戶
布慶	百戶	橫跨子曲河，東、南、北界札武、蘇爾莽，南界囊謙，西界格吉，北界玉樹、迭大。	百長五名	一百餘戶
拉休	百戶		百長十二名	五百餘戶
迭達	百戶	據通天河大部，東界稱多、拉布、竹節，南界札武、拉休，西北與札武屬地及玉樹連界。	百長三名	六百餘戶
固察	百戶	在通天河東北岸，東界竹節、稱多，北界娘磋，西南界安沖。	無	五百餘戶
稱多	百戶	在通天河東岸〔三五〕，北界竹節，西北界固察，南界拉布、迭達。	百長一名	三百餘戶
安沖	百戶	在通天河西南岸，東北界固察，北界玉樹、娘磋，南界札武屬地。	百長七名	五百餘戶
蘇爾莽	百戶	在曲子河下流，東界札武，南界昌都〔三六〕，西界囊謙，北界拉休。	百長二名	四百餘戶
蘇魯克	百戶	在鄂穆曲〔三七〕東南，北界囊謙，西界中壩，南界瓊布、色爾札。	未詳	未詳
蒙古爾津	百戶	同牧咱曲河流域，東界西康石渠縣，南界札武西邊之迭達、稱多、固察，西北界娘磋，東北界果洛各族。	無	五百餘戶
永夏	百戶		百長一名	
竹節	百戶		百長三名	
格吉麥馬	百戶	同駐咱曲及子曲河上流，東界拉休、囊謙，南界中壩，西南界玉樹。	百長二名	二百餘戶
格吉班馬	百戶		無	一百餘戶
格吉得馬	百戶		無	一百餘戶
中壩麥馬	百戶	同牧鄂穆曲及河雲當木雲之上源，東界囊謙、蘇魯克，南界加得卅九族，西境皆空，北界玉樹、格吉〔三八〕。	百長一名	四百餘戶
中壩班馬	百戶		百長一名	一百餘戶
中壩得馬	百戶		百長一名	未詳

玉樹將賽	百戶	同牧通天河上流，東與娘磋、迭達、安沖、札武、拉休、錯壤〔三九〕，南與格吉〔四〇〕、中壩接近，西北皆寒荒不毛之地。	未詳	百餘戶
玉樹總舉	百戶			
玉樹戎模	百戶			
玉樹鴉拉	百戶			
娘磋	百戶	北瀕星宿海，南至通天河，東與果洛為界，西南與玉樹為界。	未詳	三百餘戶

玉樹二十五族寺院表（二五）

族　分	寺　名	教　派	喇嘛數〔四一〕	僧徒數	附　記
囊謙	採九寺	白	三	一〇五	
	幹達寺	黃	一	六〇	
	加干寺	白	三	四〇	
	尕魯寺		一	三〇	
	馻巴寺		一	二〇	
	蘭州寺		一	五〇	
	初義寺		二	七〇	
	宗達寺	紅	三	八〇	
	曲符寺	白	一	一〇	
	改白寺		一	四〇	疑即改滾寺
	撻尕寺		一	四〇	
	旦那寺		一	六〇	
	拉慶寺		一	五〇	
	蔥巴寺		一	三〇	疑即倉沙寺
	熱拉寺	紅	一	一〇	
	拉浪寺	白	一	一〇	
	幹勃寺		一	二〇	
	東囊拉愛寺		一	七〇	
	東囊拉群寺		一	四〇	
	由迪魯寺	紅	一	一一〇	
	之亞寺	白	一	一三〇	
	然覺寺		一	三〇	

	夏午寺		一	一五	
	顧且寺		一	六〇	
	巴匕寺		一	六〇	
	麥野寺		二	四〇	
	寧多寺		二	三〇	
	車里寺		一	八	
	白日拉慶寺	紅	一	四〇	
	白日拉群寺		一	三〇	
	尼牙寺		一	三〇	疑即迭迺寺
札武	佶古寺		三	四五〇	
	禪姑寺	白	四	三〇〇	
	果拉寺	黃	一	二〇〇	
	湯寺	紅	無	一五〇	
	固業寺		無	一三〇	
	地慶寺	白	四	三〇〇	
	東果寺		一	五〇	
	東錯寺	紅	二	二〇〇	
	拉丁寺	白	二	八〇	
	多勿寺	紅	二	一〇〇	
	布隆寺		無	二〇	
迭達	惹尼牙寺	黃	四	三四〇	
	邦芭寺		二	一六〇	
	芷勃寺		二	一三〇	
	尕拉寺		一	五〇	
	桑周寺		一	一一〇	
拉休	龍喜寺		六	八〇〇	
	吹靈多多寺	紅	二	二〇〇	
	蕩路寺	白	一	一五	
	車福寺		一	五〇	
	竹巴寺		一	四〇	
	專魯寺	紅	二	六〇	
	阿運寺	白	一	二〇〇	

稱多	克周寺	紅	二	三〇	
	尕藏寺		二	八〇	
	孔雀寺		一	二〇	
	改藏寺		一	五〇	
	先宗寺	白	三	五〇	
	札喜寺		一	一二〇	
固察	色而寺		一	一〇	
安沖	達吉寺	紅	一	五〇	
	邦貢寺	黃	二	三〇	
	郎寢寺	紅	一	三〇	
	迺西寺	白	一	二五	
	拉札寺	白	一	一〇	
加迷嗑棄	竹節寺	黃	一	三四〇	喇嘛白戶兼允
	休瑪寺		一	五〇	
	喀耐寺		一	一八〇	
	情磋寺		一	五〇	
	歇武寺	紅	一	二〇〇	
	寧宗寺	白	二	一二〇	
	巴干寺		一	三〇	
	革武寺		一	四〇	
	色巴寺	紅		二〇	
	色魯寺		三	三四〇	
娘磋	色航寺	黃	一	五〇	
	巴干寺	白	二	五〇〇	
蘇爾莽	朗結載寺	黃	一	一五〇	
	尕業寺	白	一	一〇〇	
	德色拉寺	黃	二	一〇〇	
格吉	扎西拉賀寺	白	二	一二〇	
	兒魯寺			四〇	
	作慶寺	紅		五〇	
	巴匕寺	白		三〇	
	年多寺			八〇	
	建中寺			二五	

中壩	更拉寺			二〇	
	龍喀寺			八〇	
	巴拉寺			五〇	
	日瓦班馬寺			五〇	
	日瓦得馬寺			五〇	
	日瓦養馬寺		一	七〇	
玉樹	岡灑寺	黃	一	三五〇	
	夏魯寺		一	三〇〇	
	覺讓寺		三	二八〇	
附	覺拉寺	白	五	二三〇	此兩寺各另管番民一百戶。
	拉布寺	黃		四〇〇	

玉樹寒暑比較表［攝氏表］（二六）

| 月　別 | 平均溫度 | | | 風雪變化 |
	早	午	晚	
1	零下六度	十三度	零下三度	零下十九度
2	零下三度	十五度	三度	零下十四度
3	五度	十六度	八度	零下五度
4	五度	十八度	九度	零下六度
5	八度	十九度	十四度	零度
6	十五度	二十三度	十九度	四度
7				
8				
9				
10	零下七度	十四度	零下三度	零下十五度
11	零下十二度	十二度	零下六度	零下二十六度
12	零下九度	九度	零下五度	零下二十六度
附　記	7、8、9月與4、3、2月相同。			

《甘肅西南青海東南邊區蒙藏族誌略》抄本

【校勘】

〔一〕張益：按《新唐書》卷二百一十六《吐蕃傳》（中華書局，1975），應為「張鎰」。

〔二〕科：訛，應為「和」。

〔三〕尚緒贊：按《新唐書》卷二百一十六《吐蕃傳》（中華書局，1975），應為「尚
結贊」。

〔四〕漢：原抄本作「汗」，訛，應為「漢」。今改。

〔五〕藩：應為「潘」，指潘州。

〔六〕月：原抄本作「日」，應為「月」。今改。

〔七〕侯：原抄本作「候」，按候不做姓氏，當為「侯」之訛。今改。

〔八〕新曆：原抄本作「慶曆」，當為「新曆」。「慶」，音同而訛。今改。

〔九〕頭目：原抄本作「後目」，訛，當為「頭目」。今改。

〔一〇〕同校記（四）。

〔一一〕蘿蔔藏丹津：原抄本作「蘿蔔丹藏津」，「丹藏」二字倒，今乙正。

〔一二〕附近：原抄本作「村近」，「村」，應為「附」，形近而訛。今改。

〔一三〕銀錢：原抄本作「即錢」，形近而訛。今改。

〔一四〕海螺：原抄本作「海累」，誤。今改。

〔一五〕或：原抄本作「盛」形近而訛。今改。

〔一六〕原：當為「圓」。

〔一七〕炒麵：原抄本作「炒丐」，「丐」為「丐」之訛。「丐」音同而訛，當為「面」。
　　　　今改。

〔一八〕歷：此處「歷」字因下文而衍。

〔一九〕平死：疑為「平生」。

〔二〇〕曲：原抄本作「典」，形近而訛。今改。

〔二一〕委：原抄本作「威」，音同而訛，應為「委」。今改。

〔二二〕阮遠：疑為「緣遠」或「源遠」。

〔二三〕蒙族：原抄本作「蒙藏」，誤。據上下文意改。

〔二四〕底：應為「低」。

〔二五〕（九）：原抄本無，今據上下文體例補。

〔二六〕綱：原抄本作「剛」，誤。今改。

〔二七〕持：原抄本漏，據後文補。

〔二八〕麻牙、阿思：上文已出現，此處疑衍。

〔二九〕□：原文闕字。

〔三〇〕記：原抄本無「記」，按上下文體例補。

〔三一〕表：原抄本作「部」，因上文而誤。今改。

〔三二〕兒馬：上文已出現，此處疑衍。

〔三三〕橫：原抄本作「汗」，音近而誤。今改。

〔三四〕曲：原抄本作「區」，音同而訛。今改。

〔三五〕岸：原抄本作「峯」，形近而訛。今改。

〔三六〕昌都：原抄本作「冒都」，「冒」應為「昌」，形近而訛。今改。

〔三七〕曲：同校記 32。

〔三八〕格吉：原抄本作「格及」，音同而訛。今據上文改。

〔三九〕錯壤：原抄本作「錯讓」，音同並形近而訛。今改。

〔四〇〕格吉：同校記 36。

〔四一〕喇嘛數：原抄本作「喇嘛教」，「教」應為「數」，形近而訛。今改。

青海紀略

魏明章撰著　鐵金元校補

一、緒言

　　青海在三代時，大底為西戎所居。漢武帝染令居立塞，以隔羌戎。歷代以
來，屢收屢眾。唐陷上蕃，宋沒西夏。个□〔一〕中國版圖者，凡數百年之久。
滿清初年，蕩平青海，置大通、貴德等縣，以作前障。邊境始固，為西方之要
地矣。

　　青海位置，以今言之，在首都之西。於全國論，適在中心。東北界甘肅，
東南界四川，正南界西康，西南界西藏，正西界新疆，東西約三千里，南北約
二千五百里，面積約七十九萬八千方里，居全國第四位焉。

　　當此抗戰□□〔二〕之際，青海為西北屏障，國防之最後防，又〔三〕為主
義之最前線。有黃河之襟帶，為長江之□源。這個鍾靈毓秀之地，是我國靈魂
之寄託所，整個民族復興大業的根據地。土地巍□，沃野千里，及時開掘，其
利無窮，久眾弗取，良可惜也。

　　此即青海之偉大，青海之重要如此。有心開發西北者，慎毋認為空洞想像
之辭。茲將其理由分述如下。

二、疆域之沿革

　　青海本西戎地，周秦漢初，西羌居之，謂為湟中。□□少□制定九州，□
同四海，黑水西河之雍州，實包西戎。青海民族，即西戎之一。《禹貢》「導〔四〕
河崑崙，至於積石」。（鐵按：《尚書・禹貢》載：「織皮、崑崙、析支、渠搜，
西戎即敘。」）積石即在青海境內，又謂「至於河首，綿地千里，──析支來

服」。係自河源中崑崙之地，指青海中部而言也。《商頌》「自彼氐羌〔註1〕，莫敢不享」。（鐵按：《詩經·商頌·殷武》：「維女荊楚，居國南鄉，昔有成湯，自彼氐羌。莫敢不來享，莫敢不來王，曰商是常。」奪一「來」字。）青海民族，即氐羌之一。

「導河積石，至於龍門」——大禹治水像

校者攝於青海西寧北川濕地公園

周時，屢有戎患。然戎之患，當在平涼、涇川一帶，非必居今西寧之戎。秦穆公得戎人由余〔註2〕，遂霸〔五〕西戎，開地千里。（鐵按：見《後漢書》卷八十七《西羌傳》第七十七。）此亦界於秦隴之戎，非青海一帶在居之戎，可斷言之。秦厲公時，羌無弋〔六〕爰〔七〕劍，亡入河湟間。（鐵按：《後漢書》卷八十七《西羌傳》第七十七載：「羌無弋爰劍者，秦厲公時為秦所拘執，以為奴隸。不知爰劍何戎之別也。後得亡歸，而秦人追之急，藏於岩穴中得免。羌人云爰劍初藏穴中，秦人焚之，有景象如虎，為其蔽火，得以不死。既出，又與劓女遇於野，遂成夫婦。女恥其狀，被髮覆面，羌人因以為俗，遂俱亡入三河間。諸羌見爰劍被焚不死，怪其神，共畏事之，推以為豪，河湟間少五穀，多禽獸，以射獵為事，爰劍教之田畜，遂見敬信，廬落種人依之者日益眾。羌

〔註1〕氐羌：商湯時西北邊的民族。
〔註2〕由余：春秋時期晉國人，姬姓，名由余，字懷忠，是周武王之子唐叔虞的十五世孫，晉鄂侯的曾孫（另一說是周攜王姬余臣的後人，因逃難而入戎地）。由余因晉國內亂（曲沃武公伐晉）而流亡到戎地。戎王聽說秦穆公賢能，便派由余到秦國考察。秦穆公知由余有才能，遂用計拜其為上卿。由余為穆公出謀劃策，幫助秦國攻伐西戎，並國十二，開地千里，稱霸西戎，使秦穆公得以位列春秋五霸之一。

人謂奴為無弋，以爰劍嘗為奴隸，故因名之。」）青海遂與中原隔絕。秦併天下，出大兵西略地，逐諸戎，築長城，戎患始息。

　　漢初，小月氏居於青海，因號湟中月氏胡。（鐵按：《後漢書》卷八十七《西羌傳》第七十七載：「湟中月氏胡，其先大月氏之別也，舊在張掖、酒泉地。」故此處當為「大月氏」。）景帝時，羌之別支研種人，求守隴西塞。於是淪〔八〕為塞外之地。武帝大破匈奴，乃渡河湟，以湟中之地，築令居塞。（鐵按：《後漢書》卷八十七《西羌傳》第七十七載：「及武帝征伐四夷，開地廣境，北卻匈奴，西逐諸羌，乃度河、湟，築令居塞。」）小月氏來降，羌□常反，來既定之。（鐵按：《後漢書》卷八十七《西羌傳》第七十七載：「及驃騎將軍霍去病破匈奴，取西河地，開湟中，於是月氏來降，與漢人錯居。」）於是□〔九〕塞亭燧，出長城外數千里。（鐵按：《後漢書》卷八十七《西羌傳》第七十七載：「初開河西，列置四郡。通道玉門，隔絕羌胡，使南北不得交關。於是障塞亭燧出長城外數千里。」）宣帝時，趙充〔一○〕國將伐先零諸羌，先屯田於青海。平帝時，納西零之獻，置西海郡，徙天下犯禁者處之。至此，湟水以西之地，皆屬中國之版圖。後漢和帝時，在湟水之南岸，築湟中、伏羌兩城。旋復□西海郡並軍屯之制。東漢末，青海合於康藏為一獨立國，諸羌遂不時為患中國。

　　魏立西平〔一一〕郡。晉初因之。旋為吐谷渾鮮卑所據，分為乙弗部、契汗部〔註3〕、白蘭部〔一二〕，西寧全境屬之。晉末〔一三〕南〔一四〕涼禿髮烏孤〔一五〕據為國都。迨至南北朝，吐谷渾□伏俟〔一六〕城於青海西北部之岷江上游。西寧北境，皆為所屬。隋初，遂吐谷渾，設立西海、澆河二郡。隋末，吐谷渾寇邊，郡縣不能御，二郡□陷。唐初，吐蕃戰於大非川。吐蕃驅吐谷渾於浩亹〔一七〕河南。（鐵按：《新唐書》載：「咸亨元年，乃以右威衛大將軍薛仁貴為邏娑道行軍大總管，左衛員外大將軍阿史那道真、左衛將軍郭待封副之，總兵五萬討吐蕃，且納諾曷缽於故廷。王師敗於大非川，舉吐谷渾地皆陷，諾曷缽與親近數千帳才免。三年，乃徙浩亹水南。」）吐谷渾畫順為青海國王〔一八〕。吐蕃盡有其地，以窺中原。從此，與唐屢發戰爭，時而吐蕃長驅東下，時而唐

〔註3〕契汗部：亦稱契翰部、唾契汗。魏晉南北朝時期河西鮮卑之一支。初為部落名，後以為氏。居羅川（今青海湖東），與羅川北之鮮卑乙弗部相近，風俗也同，其地多狼。早在南涼禿髮烏孤繼立前，即臣屬於禿髮鮮卑。劉宋永初二年（西秦建弘二年，421），西秦征西將軍乞伏孔子等率騎2萬大破契汗禿真於羅川，獲男女2萬口，牛羊50餘萬頭。禿真率騎數千西走，其別部樹奚率戶5千降西秦。

兵席□西上。後唐，吐蕃削弱，回鶻、党項、□羌□起，分割其地。莊宗時，置保順軍，以控制之。

宋初，陷□西夏，名為金沙州。後仍為吐蕃地。金時，屬畏兀〔一九〕兒部。元平吐蕃，置貴德州。吐蕃西走塞外，邊患始平。明初，朶甘撒里、畏吾兒〔二〇〕起於青海之西。建邑為安定，仍為西蕃地。清初，□〔二一〕實汗從新疆入據之。雍正時，〔羅〔二二〕〕布藏〔二三〕丹津叛，囊括青海全部，建立青海蒙古國，侵犯西寧全境。清兵討之，三年始定。改衛為縣，旋又設府，分置三縣四□。

民國成立，為甘邊寧海鎮守使所轄。民國八年，有「果洛之役」，事平，因於大河壩、玉樹一帶設安塞，置縣戍兵防守。十二年，有「拉卜楞之役」，事平，改甘邊寧〔二四〕海鎮守使為青海護軍使。十七年，北伐成功，全國統一。經中央政治會議決定，因境內有大湖，置青海省，以西寧為省會。十八年元月一日，省政府正式成立，以西寧、碾伯、貴德、大通、湟源、循化、化隆七縣隸之。後以人煙日多，增設玉樹、都蘭、共和、亹〔二五〕源、同仁、互助、民和、囊謙、同德、稱多等縣。

此外，又置七設治局：

（一）海東設治局。在三角城，即臨羌故址。

（二）祁連設治局。在八寶，海東北。

（三）通新設治局。在柯魯溝，海西。

（四）香日得設治局，在香日得。

（五）興海設治局。在大河壩，海東南。

（六）瑪沁設治局，海東南。

（七）阿什羌設治局。

此青海在歷史上疆域沿革之大略也。

三、民族

「西北為中華民族之發祥地。」然青海境內民族複雜，蒙、藏、土、回、漢混同其處，無一定的界限。但各族仍各有心中大本營，維持其特點。

藏民，開古之西戎、氐、羌，唐之吐蕃是也。除包有衛藏外，住在本省南部廣大游牧之地。凡黃河導源之處，青海、西康之間，皆有大部在焉。即甘肅之西南邊境。「藏族」亦有□萃而居者。在青海、西康邊界者，有「果洛十五族」。通天河附近者，為「玉樹二十五族」。分布化隆、循化、湟源、共和等是

者，為「保安十三族」。分布之面積占青海全部五分之三，人口約六三〇〇〇，其數量與漢人較多。藏族是一種游牧部落，好勇喜鬥〔二六〕，剛勁不屈，是其特殊之性質。自古以來，政教合一，人人崇奉喇嘛教，以此維繫他們的生計，以迄于今，毫無更改。

蒙民為匈奴之裔，是東胡和突厥混血種。十三世紀之時，元世祖不僅統治亞洲，而且震撼了歐洲。蒙古在歷史上，是後期之秀。此時初到青海，他們寄居的地方，只在河湟流域一小部分。明正德間，一部分蒙古族擁眾西來，見於《西寧府志》。清〔二七〕初，顧實汗從新疆入據青海，一部藏族遠徙，餘皆淪為奴隸。現青海蒙族，除河南四旗外，皆駐牧於西北部，分左、右二盟五部二十八旗（惟察罕諾們汗旗，不屬於蒙古）。蒙族逐水草而居，以牛馬為生命線，此種民族生性堅強，善騎射，繁殖力超過其他民族。

青海土民，大底亦鮮卑、氐、羌之裔。分布青海東部之互助、大通、樂都、民和及甘肅永登縣界，風俗習尚，聯姻結社，與漢族同〔二八〕。惟女子尚保特殊之服飾。但均操漢語。偶遇之，不辨其為另一種族。考土民之來源，人概為元初著有武功，分土守邊萬戶、千戶之苗裔及其部落，後改指揮等職。甘肅、雲南、西康亦皆有之。其民或即「色目人」云，或曰實為羌人。羌人即為藏族，則土人亦為藏族。但詢之土人，均否認為藏族、蒙古族，自稱為土著漢人之別支。

案《西寧府志》：「寧郡諸土司，皆自前明洪武時，授以世職，安置西寧、碾伯兩縣。是時地廣人稀，近城水田，給漢民樹。邊遠旱地，賜各土司。惟土司陳子民係南人，以元淮南右丞降於明。餘俱係蒙古人，即西域纏頭，或以元時舊職改封，或率所部入明〔註4〕。」

回民即突厥族，在西北頗為繁衍。居住在青海東南部，皆以清真寺為中心，多與漢族雜處，專事耕種、經商。除宗教信仰外，與漢族無異。其別支有下二族。

（一）哈薩克回民，舊居新疆之西北。民國二十六年，移入青海，駐都蘭之香日得，專事耕牧。其地水草肥美，氣候亦宜。人口約有二萬之多。他們是中亞民族，風俗與纏頭回同，人皆強悍。

〔註4〕引自《西寧府新志》卷二十四《官師》，原文為：「按寧郡諸土司計十六家，皆自前明洪武時授以世職，安置於西（寧）、碾（伯）二屬，是時地廣人稀，城池左近水地，給民樹藝；邊遠旱地，賜各土司。各領所部耕牧。內惟土司陳子明係南人，（以）元淮南右丞歸附。余俱係蒙古暨西域纏頭。或以元時舊職投誠，或率領所部歸命。」

（二）撒拉一種。自明洪武時入內地，分住今之化隆、循化。循化在黃河南岸，成為「內八工」。化隆在黃河北岸，稱「外五工」。他們原居西亞撒馬汗地方，語音與土耳其、新疆回民無大□異。

「漢民」多係他省移來，大底以漢武帝築令塞，逐諸羌後，為漢人移居之始。其後屯田湟中，設西海郡，徙罪人實邊，居民日益加多。隋唐之衰，中原多事，番眾交閧，漢民不得安居。宋時，陷於吐蕃。元初，漢人復漸移居。明徙南京之人實邊，居西寧七縣頗多。多事農業，兼有經商。故游牧區內，莫不有漢民之蹤跡。各民族之發展前途，正不可量，惟在後起者之經營耳。

四、宗教

宗教為構成民族之要素，各民族各有宗教信仰，保持其宗教之獨立。青海境內蒙、藏人民信仰宗喀巴創立之黃教，以寺院為中心，為其生活之寄託所，研究經典，崇拜活佛，直摩頂放踵，不惜身家性命。回民信仰穆教，有新、舊教之分。一派之內，又有若干宗系。土族家中祀神，用紅紙漢字，上寫「供奉牛王馬祖山神土主之神位」，為祀神之另一風俗，亦宗教信仰之一也。漢人信仰佛教、土神、道教，兼有信仰天主教者，要之皆讀孔孟之書。

青海民族信仰宗教之志誠，服從領袖之堅心，可以抵制侵略者以華制華的述（夙〔二九〕）夢、分化的野心。

五、文化

中國文化之始祖包犧，相傳生於西北之成紀。自此為中原文化發展之根源，其地漢唐以來，幾度經營，極盛一時，為貿易之一大都會，歐亞交通之孔道。

青海在當時為匈奴右翼，內地文化溝通全憑這個津梁。明永樂中，青海塔爾寺黃教始祖宗喀巴，改革喇嘛教。他不單是宗教革命家，而且是文字創造者。他根據印度文字之結構，改革西藏文字，大量翻譯印度經典。故他是溝通中印文化之創造者，亦溝通中西文化之健將，使文化深入內地，弘法利物，真千古之模範也。

六、山川形勢

青海在中國地勢上，有高屋建瓴之勢，為高原地帶。帕米爾高原，稱為「世界之屋脊」。中國之山，均來自蔥嶺。青海之山，皆以崑崙為主幹，分布邊疆。

天下有山之地，皆水發源之處。

　　故崑崙北出新疆，至勒科爾達布遜山迤向南部，為唐古拉山。其東行，為雲嶺山脈，入內地。折入中部，東出為巴顏喀拉山，為江河之分水處。江源出於斯山之北麓，東西注入星宿海。上猶為通天河，經玉樹流入西康境。河源出南麓噶〔三〇〕達素齊老峰下，匯扎陵海、鄂陵海。繞大積石北，折經貴德之西境。繞小積石，過臨夏，匯洮河，東北流入皋蘭。其山支至葛（噶）達素齊老峰下，又分四支。一支為灰胡爾巴顏喀拉山。此山北支入西寧邊境，為湟南山脈；南支如四川，為岷山。

　　祁連山，亦崑崙分支，是甘肅、青海分界處。其支蜿蜒南下，經大通至西寧湟水之北土樓神祠，為湟北山脈。東南部西傾山，俯瞰隴、蜀矣。

魏明章先生像

【校勘】

〔一〕或為「屬」。

〔二〕或為「艱虞」。

〔三〕影印原抄本作「乂」，訛。應為「又」，今改。

〔四〕原文闕。按《尚書・禹貢》，應為「導」。據補。

〔五〕原文闕。按《後漢書・西羌傳》，應為「霸」。據補。

〔六〕影印原抄本作「戈」，訛。應為「弋」，今據《後漢書・西羌傳》改。

〔七〕原文闕。按《後漢書・西羌傳》，應為「爰」。據補。

〔八〕影印原抄本作「渝」，訛。應為「淪」，今改。

〔九〕原文闕。按《後漢書・西羌傳》，應為「障」。據補。

〔一〇〕影印原抄本作「無」，訛。應為「充」，今改。

〔一一〕原文闕。按《水經注》卷二《河水》：「魏黃初中，立西平郡，憑倚故亭，增築南、西、北三城以為郡治。」據補。

〔一二〕影印原抄本作「郡」，訛。按北朝時西部無「白蘭郡」置，實為羌之別種，應為「部」。今改。

〔一三〕影印原抄本作「未」，訛。應為「末」，今改。

〔一四〕原文闕。影印原抄本作「西」，訛。按《晉書・安帝紀》、《地理志上》、《禿髮烏孤載記》，應為「南」。今改。

〔一五〕按《晉書》卷一百二十六《載記》第二十六，此處應為「髮烏孤」。據補。

〔一六〕影印原抄本作「埃」，訛。按《魏書・吐谷渾傳》：「伏連籌死，子誇呂立，始自號為可汗。居伏俟城，在青海西十五裡。」應為「俟」，今改。

〔一七〕原文闕。按《新唐書・西域傳》應為「亹」，據補。

〔一八〕影印原抄本作「玉」，訛。應為「王」，今改。

〔一九〕原文闕。按《元史》本紀第十三、列傳第九，《新元史》本紀第三、志第十八、列傳第一、第八、第十三、第十四、第三十、第三十三、列傳第八十九，應為「兀」。據補。

〔二〇〕影印原抄本作「畏幾吾」。「幾」，應為「兒」，與「吾」顛倒，應為「畏吾兒」。今改。

〔二一〕原文闕。按《清實錄・順治朝實錄》、《康熙朝實錄》，《清史稿》本紀四、五、志五十四、列傳三百九、三百十二，應為「顧」。據補。

〔二二〕原文脫，今補。

〔二三〕原文闕「藏」。按《清史稿》列傳三百九，應為「羅卜藏丹津」。今補。

〔二四〕原文闕「寧」。按周希武《玉樹調查記》、陳賡雅《西北視察記》，應為「甘邊
　　　　寧海鎮守使」。今補。

〔二五〕影印原抄本作「寶」，訛。應為「疊」，今改。

〔二六〕影印原抄本作「門」，訛。應為「鬥」，今改。

〔二七〕影印原抄本作「青」，訛。應為「清」，今改。

〔二八〕影印原抄本作「間」，訛。應為「同」，今改。

〔二九〕影印原抄本作「述」，誤。疑為「夙」。

〔三〇〕影印原抄本作「葛」，訛。應為「噶」，今改。

附：魏明章先生著述目錄

（一）地方文獻整理與保存

1. 標校《青海事宜節略》（清·文孚），附《青海衙門紀略》（清　素納）、《湟
中雜記》（清·文孚），青海人民出版社1993年6月版。

2. 手抄《嶺南雜吟〔註5〕》（清·劉永椿）一冊，今藏青海省圖書館。

3. 《青海·西寧地區建國後碑刻資料選編》，西寧市城東區政協文史資料委
員會印。

4. 《青海省歷代金石資料彙編》，未付梓。

（二）地方文史研究著作

1. 《青海紀略》，民國抄本。影印收入《中國邊疆行紀調查記報告書等邊務資
料叢編（二編）》第一三冊，《中國西北文獻叢書·西北民俗文獻》第二十
五卷。

2. 《青海歷史紀年》（徵求意見稿），青海師範大學古籍整理研究室1984年
印。

3. 《青海塔爾寺歷史大事編年》，《湟中文史資料選》第四輯（2000年）。

4. 《古今西寧》，《西寧文史資料》第十一輯（2004年）。

5. 《青海塔爾寺志略》，《湟中文史資料選》第六輯（2006年）。

6. 《青海地方志綜錄》，未付梓。

7. 《清代駐西寧歷任辦事大臣事略》，未付梓。

〔註5〕原抄本一冊，今存上海市圖書館。

8.《河湟見聞錄——青海地方史志研究類編》，未付梓。

9.《青海事宜補編》，續清代文孚《青海事宜節略》一書。僅見載目於其《〈青海事宜節略〉與〈湟中雜記〉》一文，未付梓。

（三）參與編修地方文獻

1.《樂都縣志稿》（審稿），樂都縣志編委會印。

2.《西寧市志》（顧問），謝寶華、劉乃山主編。

3.《青海百科大辭典》（編寫），嚴正德、王毅武主編，中國財政經濟出版社1994年10月版。

（四）地方文史研究論文及相關文章

1.《青海的蒙旗》，載《新西北》1944年第12期19～78頁。

2.《青海的祭海》，載《西北通訊》1947年7月。

3.《關於〈青海地方史略〉中若干史實的商榷》，載《青海民族大學學報》（社會科學版）1980年。

4.《引用史料要準確——與芊一之同志商榷》，載《青海日報》1980年2月29日，《複印報刊資料（中國地理）》第6期轉載。

5.《〈西寧府新志〉評介》〔註6〕，載《青海社會科學》1980年3期。

6.《「絲綢之路」南線與土樓山》，載《青海日報》1980年9月2日。

7.《大順軍在西寧》，載《青海日報》1980年11月1日。

8.《雄關激流話小峽》，載《青海日報》1981年7月28日。

9.《孫昌齡、沈克敬被慘害經過》，載《青海文史資料選輯》1981年第8輯。

10.《青海建省前後的行政建制》，載《青海文史資料選輯》1982年第9輯。

11.《歷史上青海地方志的編纂概況》，載《青海地方史志研究》1983年創刊號。

12.《青海湖志略》，載《青海地方史志研究》1983年第二期。

13.《楊治平與〈丹噶爾廳志〉》（合撰），載《青海日報》1983年4月25日。

14.《隋煬帝西巡》，載《青海日報》1983年5月19日。

15.《漢族遷入今青海東部農業區的歷史情況瑣談》，載《青海社會科學》1983年6期。

〔註6〕杜瑜等編《中國歷史地理學論著索引》十《歷代地理著作研究及地理學家傳略·地方志》第469頁有著錄，作「《西寧府志》評介」，漏「新」字。

16.《青海樂都出土的漢〈三老趙援之碑〉》，載《青海地方史志研究》1984 年第一期。謝佐等編《青海金石錄》有引。

17.《馬麒在青海》，載《西寧文史資料》1984 年第一輯。

18.《「花兒」春秋》，載《青海地方史志研究》1984 年第二期。

19.《西寧市東關清真大寺兩篇碑文述略》，載《社會科學參考》1984 年第 11 期。

20.《大順軍在西北及青海的一些活動》，載《青海史志研究》1985 年第 1～2 期。

21.《塔爾寺的「三絕」》，載《園林與名勝》1986 年第四期。

22.《現代西寧書法家——鍾錫九、李海觀》，載《西寧文史資料》1986 年第四輯。

23.《西寧地區的文物勝蹟》，載《西寧文史資料》1986 年第四輯。

24.《成吉思汗靈柩遷來青海的經過》，載《青海史志研究》1987 年 1～2 期。

25.《我所知道的河湟地方文獻書目（二）》，載《西寧文史資料》1988 年第五輯。

26.《余永年先生事略》，載《西寧城中文史資料》第 1 輯，1988 年 8 月。

27.《西寧解放見聞》，載《西寧文史資料》1989 年第六輯。

28.《抗戰時期青海海陽學校和海陽劇團》，載《西寧城中文史資料》第 2 輯，1989 年 8 月。

29.《中央領導來西寧紀略（1949～1988）》，載《西寧文史資料》1989 年第六輯，《高原古城地方志簡訊》1990 年第一期轉載。

30.《西寧紅軍烈士墓》，載《西寧城中文史資料》第 3 輯，1990 年 10 月。

31.《解放前「一心堂」的活動》，載《西寧城中文史資料》第 4 輯，1991 年 11 月。

32.《關於〈北山寺〉一文質疑》，載《西寧城中文史資料》第 4 輯，1991 年 11 月。

33.《解放前海陽化學廠見聞》，載《西寧城中文史資料》第 6 輯，1993 年 12 月。

34.《緬懷陳秉淵先生》，《西寧文史資料》1993 年第七輯，羅麟主編《青海學人錄：1920～1949 年青海就讀高校學生事略》有引。

35.《我所瞭解的青海道教》，《西寧文史資料》1993 年第七輯。

36.《青海建省記略》，載《青海民族學院學報》（社會科學版）1994 年第一期。

37.《光輝的題詞 巨大的力量》，載《西寧城中文史資料》第 8 輯，1996 年 3 月。

38.《抗日戰爭中的青海見聞瑣記》，載《西寧城中文史資料》第 8 輯，1996 年 3 月。

39.《燭火春秋——記學者李文實》（附《李文實先生著作目錄概述》），載《西寧文史資料》1996 年第八輯。

40.《記城中區民國時期的一份結婚證書》，載《西寧城中文史資料》第 9 輯，1997 年 6 月。

41.《解放前歷任青海省圖書館館長名錄》，載《青海圖書館》季刊 1998 年第 4 期。

42.《〈青海事宜節略〉與〈湟中雜記〉》，載《青海檔案》2001 年第四期。

43.《門源縣發現北宋丞相劉沆後裔族譜》，載《青海檔案》2002 年第 1 期。

44.《西寧辦事大臣的設置及其職責》，載《青海民族學院學報：社會科學版》2006 年第 4 期 51～54 頁。

45.《王玉堂先生在青海》，載《青海民國時期文檔選要——劉平收藏書札要錄》2015 年 11 月版。

46.《青唐城遺址公園》，載《西寧城中文史資料》，年份未詳。

47.《青海各級行政區建置年月及名稱由來》，載《青海民族大學學報》（社會科學版）1986 年第三期。